张定安 著

高效管理的简单法则

新华出版社

图书在版编目（CIP）数据

高效管理的简单法则 / 张定安著. —北京：新华出版社，2017.12

ISBN 978-7-5166-3758-6

Ⅰ. ①高… Ⅱ. ①张… Ⅲ. ①企业管理 Ⅳ. ①F272

中国版本图书馆CIP数据核字（2017）第308852号

高效管理的简单法则

作　　者：张定安

责任编辑：徐　光　　　　　　　责任印制：廖成华
插图作者：潜　心　　　　　　　装帧设计：李尘工作室

出版发行：新华出版社
地　　址：北京市石景山区京原路 8 号　邮　　编：100040
网　　址：http://www.xinhuapub.com
经　　销：新华书店
　　　　　新华出版社天猫旗舰店、京东旗舰店及各大网店
购书热线：010-63077122　　　　中国新闻书店购书热线：010-63072012

照　　排：李尘工作室
印　　刷：三河市君旺印务有限公司
成品尺寸：145mm×210mm
印　　张：12.25　　　　　　　　字　　数：176千字
版　　次：2018年5月第一版　　印　　次：2018年5月第一次印刷
书　　号：ISBN 978-7-5166-3758-6
定　　价：88.00元

图书如有印装问题，请与出版社联系调换：010-63077101

▲ 上善设计创始人郑冬平（右二）贾思源（右三）与

红点奖发起人Peter Zec（左二）红点奖颁奖照

作者讲解AIDDA完美沟通成交心法

演练准备

模拟实践演练

◀ 学员镜头下的张老师

学员应用案例分享
▼

众思碰撞听讲

▲ 汇报技巧演讲

▲ 为学员答疑解惑

▲ 学员实操演练

▲ 学员心得分享

▲ 分组协助讨论

▲ 生动演绎

◀ 张老师实践课风采

▲ 课堂学员踊跃参与

课堂分组讨论现场

▲ 现场突击测试八大管理技巧

▲ 折纸分享–聆听、精准、专注

（右）凱銳光電總經理林益弘先生

总结–养成好习惯

（右二）天安数码城副总裁何文
（左一右一）清华学生

学员合影

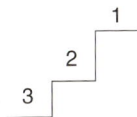

1

2

3

1 与留守儿童颁奖留念

2 张老师扮演故事爷们为留守
  儿童讲故事

3 张老师给留守儿童讲故事

▲

与小朋友互动

▲

张老师和未来主人翁分享"贪"与"贫"只差一点

推荐序 1

　　2011年年底，德国红点概念奖颁奖典礼，媒体关注焦点在三位颜值担当的年轻人，这是上善设计成立第一年，拿到的第一个国际奖项，领奖台上除了我和郑冬平两位创始人外，还有一位关键人物，就是时任上善设计特邀顾问的张定安老师。2010年台北举办世界设计大会，在台湾与张老师因设计和美食结缘，短暂交流之中双方产生了许多共鸣，于是亦师亦友走到今天。

　　张老师拥有国际化视野和清晰的思路，为创业初期的上善设计提供了前瞻有效的创业指导。张老师尤为擅长以角色扮演和情景再现的桥段，将其系统的理论知识以直观易懂的方式传授。从场地谈判、签约到天使资金进入，从战略规划到运营细节，张老师总能第一时间洞察关键问题，提出精准清晰的解决方案，并在关键资源上给予及时帮助。上善设计从一开始的两个大男孩，到今天三十人的设计团队，可谓每年都是上一个新的台阶，并且有幸成为连续六年荣膺德国红点奖排名前十的设计机构，除了全体同仁的辛勤付出和社会各界的关怀，张老师的"八大管理技巧"功不可没。

"八大管理技巧"看似简单精练，实则蕴含管理大智慧。它不仅可以用于项目管理，还可以指导我们处理工作和生活中大大小小的事务。本人在实践八大管理技巧期间，项目过程和任务管控思路愈加清晰，随之带来工作效率的提升和同事关系的融洽。这次张老师拨冗为上善设计和开物成务两家公司高管，以及核心客户管理层的小范围培训，使所有参加培训的管理者清晰认识到自己日常工作中容易忽略和可以提升的地方，也让我体会到了温故知新的力量。在本次培训中得知张老师的"八大管理技巧"即将整理出书，本公司能够作为此书高效管理较早落地的企业倍感荣幸，特以创业亲身经验与大家分享。

期盼《高效管理的简单法则》一书早日面市，可以帮助更多的人！也祝愿张定安老师的"八大管理技巧"理论体系在更多企业的实践中不断锤炼，成为经典！

贾思源

深圳市上善工业设计有限公司 创始人 开物成务材料创新

（深圳）有限公司 创始人

德国红点奖2016年全球设计机构排名第二

.

推荐序 2

和定安结缘于南方慈善悦读基金会创办的慈善班，因为对公益事业的崇敬及热爱，定安成为慈善三班的一分子，而我作为慈善基金会的发起人，近水楼台捷足体验了本文的"八大管理技巧"核心课程。

回顾这些年来，通过不同的途径接触，学习了不少企业管理的课程，但定安的"八大管理技巧"还是给了我眼前一亮的感觉，一课下来清晰地帮助我快速地梳理公司的症结所在，真谓豁然开朗、获益良多。这"八大管理技巧"理论就如同管理道路的交通法规，分八站来帮助我们排解困惑，在管理中启迪智慧。

课后，我很想把课程打包带走，回去汲取精华，故当即邀约定安到我公司授课，奈何他的工作时间表已安排至

2018年了，心里默默期盼如果这课程能编辑成书就好了，这样即使定安不能安排时间亲自授课我也能通过书本来诠释和传承。毕竟时间不等人啊！我确实想尽快通过这个管理法则改善公司的管理现状。

定安如同读懂我的心思一般，半年后竟然真的把它演绎成了文字，而且描述得相当详尽，看着文章就如同当天定安上课的回放一般，历历在目，连开始的折纸游戏乃至穿插的案例分析都详尽概述，精彩绝伦！

著名的企业管理学教授沃伦·贝尼斯说过："员工培训是企业风险最小，收益最大的战略性投资！"感谢定安的无私奉献，相信大家拥有了此书就如同请了一个super企业导师！

最后透露一下，该书中的"'爱易达'完美沟通成交心法"也是绝好的培养销售人才的技巧课程，千万不要错过了！

书中自有黄金屋，大家细细体会吧！

南方慈善悦读基金会理事长

区一帆

序

信息化时代，组织结构越来越扁平化。如何快速高效沟通？如何快速决策和服务？如何让决策有效执行？这一切都关系到每个社会组织的生存与发展。谁掌握了高效管理的法则，谁就能提高服务和生产效率，就能赢得用户和市场。因此，管理者最关心的核心问题是如何建立一套简单有效的管理体系，让每个员工以最快的速度去创造和满足用户的需求，实现组织的效益最大化。而个人在这个平台上为用户创造价值的同时，也能体现出其自身价值。《高效管理的简单法则》一书重点论述的精要其实就在于此。

此书是作者的第一部作品，这是他二十多年实战管理工作的心得体会和感悟。他没有深奥难懂的管理学理论说教，而是用现实生活中的国内外案例，诠释了生动的管理学思想，透视出"简单法则"并不简单。《高效管理的简单法则》是一本语言精练、生动活泼、深入浅出、突出案例、注重实用的工具书。

张定安在《高效管理的简单法则》一书中就高效管理的特点、方法进行了阐释。此外，此书在注重理论分析的同时，还高度重视实践的检验和运用。从理论中延伸出经验，或从案例中总结出教训，为从事一线的管理者提供了许多极具指导意义的建设性意见，不仅适用于管理岗位的职业经理人，也适用于在校学生选修，值得我们珍藏！

是为序。

胡锦澜

（中国管理科学研究院教育创新研究所所长、

专家咨询委员会常务副主任）

2017年11月18日于北京

自　序

为什么我喜欢广结善缘。

我发现随着自己的学习与修正，会直接或间接地联结人与人之间的善缘，良性循环，在天地间产生深远的影响。一路走来，对自己越来越笃定，深信这是我要走的道路。

感谢那些一路与我教学相长，透过互动彼此了解的朋友、客户，感谢他们让我学习到很多值得参考的不同面向观点，我将一并收录于此书。

老子的《道德经》中写道："道生一，一生二，二生三，三生万物。"大意是：物之所及，天下共生。一件事物或东西可以由原本的一演变延伸为万千，也可以由万千，融合成一。从道学延伸至企业的管理，本人不断秉持三个"一"的铁律：

第一个"一"：深挖一口井，不打十个坑。

有的人终其一生庸庸碌碌，干了很多事却没有一件成功；有的人一生只投入专注做好一件事，深入钻研，坚持到底，终究成为某个领域的专家，成就了非凡。就像挖井，如果总是浅尝辄止，半途而废，那么无论挖多少个坑，都不可能挖出源源不断的甜润水源，但如果能够规划出一个设定点铆足全力、付出你的时间、专心向下深凿，甘泉终将喷发。同样地，企业在寻找自己"打井"的目标时，总会事先设定许多方向，但并非每一个都是可以为企业带来"水资源"的井，需要审慎做仔细的评估，以及了解资源拓宽的可能性，集中精力瞄准一个有地底水源潜力的井。成功无近路可抄，最简单、最直接的办法就是选择一条最适合自己的路，坚持贯彻下去。

第二个"一"：第一次把事做对，每一次把事做好。

极其简单的两句话在实际运用过程中并不是每个人都能做到。第一次要把事情做对，是最基本的要求，很多例子告诉我们，如果第一次没有把事情做对，在后期的工作当中将需要花更多的时间去修正，才能都往"好"处发展。"第一次把事情做对"，是一种工作方式，因为所需代价最小、成本最低、时间最少、效率最高。而"每一次把事情做好"代表我们不论工作还是生活方面的一种决心和态度。做对了第一次只是打好基础，关键是每一次坚持把事情做好，甚至做到更好就不是容易的事了。所谓行百里路半九十，例如一些百年老店，勠力坚持一个对的方向方能成就不凡。

第三个"一"：一定能做到的心态（"CAN DO"Mindset）。

如果在做一件事情之前，就没有"一定能做到"的心理暗示，那么未来的努力就很容易陷入"我这么努力也可能做不成"的怀疑当中。一定能做到的态度，不但是一种自我鼓励，还是由内而外指导你付诸行动的自信和气场。相信事情一定能做到是一种必备准则。人生不可能事事尽如人意，不管遇到什么样的困难，历经多少次失败，都要努力去战胜，像那无所畏惧的苍松一般，傲然挺立。只有凭借这股激情，开拓事业的道路上才有看好的前景，把枪上膛，真枪实干。

本书是我从事多年企业咨询管理当中凭借上面三个"一"延伸而来，都是实践经验与体悟的积累，加上专业有效的管理技巧学习。因缘际会，借由此书，与读者分享。

目 录
Contents

367　结语

369　附录　八大管理技巧

Part 1

养成好习惯

一、一生受用的三个工作原则^①

全世界的企业都缺人才，人才的培养中，这三个原则至关重要，第一个是心态，全力以赴，就是正面心态。不论接到什么任务，都尽全力做到最好，完成任务的同时，也给自己一个交代。

第二个是秘诀，我们许多人都曾做过或是听过汇报，冗长的汇报常常让人抓不住重点，效率自然就不会太高。而最好的方式就是将要汇报的重点精简地呈现在一张A4纸上，看得清楚听得明白。当然，后面要做的附加资料就要自己下苦功准备了。

第三个是习惯，在我们的职场生涯中，许多看似不

① 卢正昕.专业经理人［M］.荣林企管顾问有限公司,2014.

重要的小习惯往往是决定我们成功的关键，尤其是一些老板可能会看在眼里，却不讲出来的一个习惯。所以，时刻谨记，把公司的钱当成自己的钱，养成好习惯就能做好的事。接下来要把三个原则分述如下：

1. 全力以赴（As Soon As Possible）

交办的事情，必须尽可能快速地完成。如果你能在最快的时间里认真完成领导交代的任务并且做到最好，展现出积极的能力，那么你就会得到领导的肯定，从而获得更多其他的工作机会；而如果你慢慢来，机会就会给别人了。在请同事做事时，也可以尽可能地限定完成或回复时间，以此来检测同事的工作情况和工作能力。

【案例】

在北京国企实习的应届毕业生们都希望毕业后留下来继续工作，并且公司可以帮助解决户口，因此大都觉得为人处世和让领导开心（拍马屁）是最重要的事情而忽略了又好又快地完成工作。但是，一同进入国企实习的咖叶虽然也希望可以拿到北京的户口，但是并没有这么认为，她总是积极主动地完成工作，甚至常常会出乎领导的预期，提前完成领导交代的任务。

有一次，周一的晨会上，领导安排关于养老地产项目投资市场环境分析的工作任务给泇叶，并让她本周内完成，下周一开会汇报即可。但是刚刚两天过去，领导就临时通知泇叶周三上午集团上层领导要视察工作，10点就需要简报。接到通知的泇叶不紧不慢地回复领导已经接收到通知，并且附带把已经完成的PPT汇报方案发给领导。第二天汇报时，泇叶娓娓道来，把项目投资的市场环境分析从宏观到微观，从国外到国内，全面翔实地进行对比分析和总结。会议结束时，集团的上层领导对泇叶的部门领导和泇叶夸赞有佳。

通过3个月的实习，领导对泇叶实习阶段的工作十分认可，给予泇叶工作认真有效率、为人靠谱友善的中肯评价，并发放了聘书，邀请泇叶毕业后到集团工作，泇叶也顺利地拿到了北京的落户名额。

2. 一页纸的汇报秘诀（Please Turn Over）

看报告的人一个人对几十个人甚至上百个人，所以在写报告或发邮件时，尽可能把字数控制在A4纸一页内，不可多也不可少。正面写满了，翻过背面就可以看到批注，然后全力去执行指示的事情。

3. 把公司的钱当成自己的钱（No Other People's Money）

在工作中，不论是采购还是处理费用，包括放款给客户，都必须把公司的钱当成自己的钱一样谨慎小心地处理，不可因为不是自己的财物就掉以轻心不当回事儿。如果因为自己的失误造成了公司的财产损失，带来的不光是工作能力上的负面影响，更是工作态度的否定。

【案例】

刚刚清大研究生毕业的子原，常常陪着领导和客人餐叙，尽管接待费用常常是及时报销的，他也好像使用自己的钱一样，每次饭局提前询问好餐厅是否有提供停车票，然后在适当的时间，提前埋单，核对金额，询问在座贵宾有否开车赴宴，而后领取停车券或优惠。待到饭局结束，一切均已安排妥当，让客人们酒足饭饱后倍感贴心。

在回程的时候子原的主管讲了一个小故事，他说之前有遇到两位同样是名牌大学毕业的同事，常常在最后一刻去结账，时间很赶，也就忘记顾及用餐可以免费停车的小事，开车出去的时候，再掏一次腰包付停车费，增加了开销不说，也使本来简单流畅的气氛变得烦琐、卡顿。

其实这件小事，反映的也不仅仅是No O.P.M的问题，它往往说明了一个人对一个事情发展过程变量的预判及处理意识，体现了一个人的思维和能力。名校毕业，不是能力强的保证，善于将学习中养成的良好思维和素养运用到做事中才是。①

---

① 卢正昕.专业经理人［M］.荣林企管顾问有限公司,2014.

二、八大管理技巧

精简、准确，是贯穿八大管理技巧前后的核心。如何让上级明确下达任务，让下级精准明白指令后付诸行动，其实并不需要多复杂的培训。正所谓见微知著，往往从一件最简单的小事就可以知晓管理中上下级之间的沟通是否高效，而八大管理技巧的开场，恰好会以一个简单、轻松的折纸方式，对各位学员进行一个小测试。

开场——折纸；

八大管理技巧开始之前，会先发一张A4的白纸给各位学员，然后讲师会花20秒钟左右的时间，将纸折好呈现给各位学员看。

八大管理技巧总共有30个字，如果加上标题"八大管理技巧"总共就是36个字，如何将这36个字，按照标准写在A4的白纸上，就是接下来的工作。

从标题开始，每一位学员写的间隔、字的大小如果没有利用八大管理技巧，从折纸到写标题，那真的是五花八门、各有千秋，出来的结果常常是让大家笑料百出。大约5分钟左右的演练，仅仅通过标题的6个字，就能够看出相当多的学员专注的精神，折纸折的格式正确吗？标题写得整齐吗？顺序有没有颠倒？这些都会在其中看出培训的人以及所有学员彼此的沟通技巧，同时也成功引领大家进入主题——八大管理技巧。

接下来会使用工作中的实际案例，依序地把管理技巧从第一个、第二个、第三个……到最后一个，以引导的方法让学员说出每一个正确的技巧名称。

讲座过程中，"互动"是最重要的一个环节，讲师会和每一位学员互动，在介绍到第四、第五个技巧的时候，让学员把抄的笔记都翻过来，和台上的讲师一起去将管理技巧背起来。

从开场折纸，将标题写上去，再将八大管理技巧的30

个字写好，紧密的互动会不断地让学员们了解其中真实的含义，从而在轻松的过程中也顺带将管理技巧完全都记在心里，我过往十多年的讲座经验，这个时间大约在30分钟左右。

1. 任务指派

无论你是公司主管、零售经理，还是为人父母，任务指派能力是关乎个人效能的关键指标。任务的指派有别于发号施令，是一项极具技巧性的工作——你既要态度坚定，还要条理清晰，并委以重任。任务的有效指派是所有管理者成功的关键。

在任务指派的时候不能"山路十八弯"，一定要做到简单、明了、高效，所以在指派的沟通过程当中，管理者切记要做到：精简、准确。在任务指派的时候，跟下属沟通的时候需要多花一点儿时间，告知下属应该做的事，应简洁明了告诉他要完成交付的工作所需的必要条件、必要的结果和必需的效果以及衡量的标准。除了简洁明了地表达，以下几点会让你的任务指派变得更加高效：

（1）明确任务完成时间。

（2）任务的完成时间需要有一个预留时间。例如，公司六点下班，那么就应该让助理在三点之前把会议纪要递交上来。

（3）谋合过程中，任务指派人应要求被指派人当场复述任务内容，务必让被指派人清楚明白任务内容。

（4）被指派人应定时汇报任务进度给任务指派人。

【例子】

时间：

九月十五日

董事长：公司准备在国庆节十月一日当天给员工每人发十斤泰国香米做过节礼品，希望能够：

1. 让大家感受公司的关怀；

2. 让大家高高兴兴过个好节。

采购需要在9月28日下午六点之前完成并定时向我汇报!

秘书现在请您复述我给您指派的任务。

秘书：董事长，请问您是让我负责在9月28日下午六点之前完成泰国香米的采购并定时向您汇报，是吗？

董事长：是的！

2. 给予指示

在任务指派的过程中，给予被指派任务者一定的指示，能确保员工从一开始就能把工作做正确，正如"序言"中第一次把事情做对，每一次把事情做好的原则，可以省去大量花在等问题产生以后再去解决的时间。同时还能确保工作结果符合企业的利益和客户的期望。

对于那些对完成工作所需知识及能力较为缺乏的员工，或者新接手的员工，常常需要给予较具体明确的指导，将完成任务所需的具体条件，如时间、地点、预期达到的效果都一一告知被委派者。对于那些较为被动的员工，还可以尝试用引导性的问题去将所指派的任务细化，例如可以在任务指派完成以后询问你的下属："是否有不明白的地方？""有什么信息需要我提供给你？"诸如此类的问题。当你用"问"的方式时，下属就有时间自己去思考解决问题的方法。所以在指导中多用"问"的方式对下属日后真正在行动上落实改进的方案较为有效。当然，你在某些场合还是要用"告诉"的方式。例如由于你的工作资历与所积累的经验，你会有一些下属员工所不具备的想法和信息，此时，你可能要告诉他们以便让他们在具备这些信息的基础上用自己的思考来处理这些信息以推导解决问题的方法。

给予指示的小技巧：

（1）将大任务拆解成几个小任务。

（2）对每个小任务的负责人进行任务指派。

（3）被指派人应定时汇报任务进度给任务指派人。

（4）简而言之，给予指示＝明确分工＋小任务指派＋定时汇报。

【例子】

时间：

九月十五日

秘书：后勤部A、B两组组长听令，公司现在需要你们两组分别在各自的片区采购500斤泰国香米，并需要在

9月26日下午六点之前完成并定时向我汇报!

A、B组组长现在请复述我给你们指派的任务。

A、B组组长:秘书,请问您是让我负责在9月26日之前完成每组500斤泰国香米的采购并定时向您汇报,是吗?

秘书:是的!

3. 跟催

我们所做的一切,都是为了我们预期想要的那个结果,有效的跟催,能让目标提前完成,同时兼顾质量。

任务执行需要加强过程的控制,需要跟进、跟进、再跟进。有时一个任务的完成会出现前松后紧的情况,这主要是工作过程未管控所造成的。而行之有效的方法就是每项工作都进行及时的跟催,做到跟催要定时,记录要翔实,汇报要及时。跟催的小技巧:

跟催应有计划

我们在任务指派的同时,也应该根据任务种类的不同做好跟催计划,明细跟催时间和跟催次数。

跟催应有方法

跟催方式的不同也会影响跟催的效果，分任务的性质，比较重要的任务我们会进行多次跟催，而一些一般性的任务则可以通过一两次的跟催来达到效果。另外，跟催过程中，我们也可以通过查看员工的工作记录等方式来进行，尽量避免多次直接询问的方式，以免降低工作士气。

跟催应有反馈

跟催是一种艺术，在跟催的过程中，如果员工出现比较好的状况，我们应该给予正面性的反馈，予以肯定；而在此过程中出现进度较为缓慢、不顺利的时候，我们应该给予纠正性的反馈，同时主动给予协助，甚至帮忙解决问题。

跟催的作用

人皆具有拖延性，而跟催的作用主要是防止把一件事情的战线拉长。在跟催员工、跟催客户的过程中，我们应该把跟催日期预告给对方，同时做好跟催记录。如果在跟催的过程中发现对方所有的方向偏了，应该提醒，引导对方回归正轨；如果对方正在轨道上，也应引导对方加速，提前完成任务。

行动执行追踪表（ACTION LOG）

部门（Dept）：

序号 (Num)	日期 (Date)	问题描述 (Description of Problem)	将采取之行动 (Action to be Taken)	负责人 (Person in Charge)	责任部门 (Dept in Charge)	预计完成日期 (Due Date)	实际完成日期 (Actual Date)	结果 (Result)	签名 (Sign)
1									
2									
3									
4									
5									
6									
7									
8									
9									
10									
11									
12									
13									
14									
15									

【例子】

时间：

九月二十日

秘书：A、B组长，今天是九月二十日，离泰国香米的采购项目结束还有六天，我特地在此提醒两位，记得准时完成任务！

另：如果在采购过程中遇到需要援助的问题，也请提出，好及时解决。

A组长：我们组小谢这两天请病假，人手不够导致采购进度跟不上，请求援助！

4.给予协助

在一项任务的完成过程当中，并非一定是一帆风顺的，在发生问题的时候，不少结果型导向的"领导"，会将所有的过错归绺于其员工身上，他们会觉得问题的出现是因为员工的缺陷和错漏。一个成功的管理者，他会主动把自己归纳于团队当中，当问题出现的时候，会将问题的出现理解为，团队当中缺少或是需要运用到自己的资源。此时，管理者需要主动地给他的员工提供帮助。这些帮助可以是无形的，比如：专业知识、沟通技能、流程控制监督、技术工具；亦可以表现为具体的，比如：资金、人脉关系，对于员工来说，可能都是莫大的帮助。给予协助，一定是一个主动性的行为，只有主动，才能及时了解和解决问题，让整个项目更有效率地朝着正确的方向推进。

【例子】

时间：

九月二十一日

秘书在得知A组人手不足的情况下，积极调动人手，在出现问题的第二天便增派了一名采购同事给A组做人员补充。

5. 正面性反馈

在工作中没有正面性反馈，好像进了压哨球后没有了喝彩声一样，员工无法知道自己做出来的"菜肴"究竟是否称得上"佳肴"，团队无法得到"喝彩声"来鼓励士气。提出有效的正面性反馈从来不是一件容易事，你必须学习、操练直至运用自如。正面性反馈，请减少使用那些在各种场合常用的"干得好"以及"做得出色"等敷衍式称赞。我们给出正面性反馈必须是具体的、真诚的。

在一件事完成以后，管理者对于员工的表现往往都集中于不完美或者有纰漏的地方，在给予员工反馈的时候重点也往往放在这一方面，而忽略了给予员工鼓励和赞美。这样做虽然有利于让员工及时发现不足，但日积月累，反而会打击员工士气，影响其积极性。首先，在我们的观念当中都习惯于纠错，认为员工为公司做事，做得好，把事情做得百分之百完美是应该的。指出他们的疏漏或短板，是为了让他有更大的进步、更好地成长。这种观念往往使得管理者面对员工难以给予正面性反馈。其实，好的正面性反馈就是一个员工的精神薪资，一句祝福的话语，一声亲切的问候，一次有力的握手都将使员工终生难忘并甘愿受你驱遣。其次，给予正面性反馈一定要做到具体，例如：你汇报不错，你很有责任感等这种泛泛而谈的赞美，可以具体化为：你的汇报思路很清晰，如果能在解决方法中举些成功案例就更好了！你很有责任感，能主动加班如期完成这个工作，也可以考虑适时让其他同仁参与进来，协助你完成。这样既体现了作为管理人员对下属的称赞，同时亦能看出对员工的重视。再者，我们在给予正面性反馈的时候，应该真诚地看着对方的眼睛，这样可以传递重要感。在沟通时，眼神可以传达"你很重要"这样的信息。

明确地给予正面性反馈可以让员工有成就感及存在感，能激励员工更努力，成为更好的自己。当然，这些方法也可以在生活上对孩子、对父母、对爱人、对朋友……将使我们成为更受欢迎的人。

【例子】

时间：

九月二十六日

A组组长：在这次的采购任务中，小吴表现非常突出，他在小组人员不足的情况下主动承担责任，一个人完成了两个人的采购任务，这种勇挑重担的行为，值得赞扬。

6. 纠正性反馈

给予纠正性反馈之前，应当先进行正面性反馈（至少两次），这样才能充分调动员工的积极性和创造性，让接下来的纠正性反馈更能被员工所接受。一个好的纠正性反馈，可以及时让事情从偏离的轨道中摆正，使执行者深思、改进，以更好的状态和方法投入工作中。

员工在工作中出现问题，进行纠正性反馈的方法很重要。很多管理者会采取直接给予批评，扣绩效、扣奖金等方式，这些方式容易导致一些员工对领导心怀不满，对工作失去热情，更有员工觉得失去尊严，直接离职。由此可见，员工工作出错时，管理者不应该只想着怎么进行惩处，而要考虑采取什么措施，才能避免员工再发生此类错误，或者是提供有效具体的建议，让员工感觉这是一个协助他的过程，这才是正确地进行纠正性反馈的过程。

【例子】

时间：

九月二十六日

A组组长：但是在采购过程中，小吴因为急于完成任务，出现了与供应商争吵的情况，这种情况对公司的形象会有一定负面影响，希望小吴以后在工作时能够注意调整工作方式。

7. 解决问题

在主动给予协助，以及纠正性反馈后，仍存在需要尽快解决的相关事宜，必须由发号施令的任务指派者去清除障碍，召集跨部门的会议或协调关键人，让任务回归正轨。

以我这些年协助企业落实八大管理技巧的经验，以下几个节点值得特别注意，需要解决问题的次数、频率、严重性都会大大地降低。

（1）主动给予指示；

（2）设置控制点，跟催到位；

（3）主动给予协助；

（4）经常给予正面性的反馈；

（5）及时给予纠正性反馈。

通常需要解决问题，大多是临时紧急的突发事件，群策群力容易让问题迎刃而解，直接进入汇报的环节。

解决问题的时候，尽量用"我们"这两个字，"我们"的力量是群策群力发挥最好的表现词汇，不要说你们业务部门，他们怎么样，最好是说我们业务部的同人，或者我们销售部的伙伴，"我们"用得多，通常解决问题的时效性跟质量，都会大大地提高。

【例子】

时间：

九月二十一日

秘书在得知A组人手不足的情况下，积极调动人员，在出现问题的第二天便增派了一名采购同事给A组做人员补充。

时间：

九月二十六日

A组组长：在这次采购行动过程中，我们发现小吴的执行力特别强，并且勇于担当，但是做事时性子有点儿急躁，与供应商发生了争吵。

秘书：针对小吴的情况，经讨论决定，鉴于小吴执行力强的特质，任命小吴为执行组长，主管公司事务执行。

8. 汇报

美国作家瑞克·吉尔伯特曾写过一本书，名为《向上汇报》①，书的副标题是这样一句话："像魔术师一样展现你自己，让领导看到你想让他看到的。"一个好的汇报是完成一件任务后最具魔法性的一刻。在日趋激烈的社会竞争中，汇报已经成为一种必不可少的能力。这是职场共识，并且这种趋势只会加强，而不会减弱。从中国的历史来看，其实完美的汇报是一个成功者必备的素质。春秋战国时期，那些数以万计的门客估计就是汇报能力很强的，不然，也难以成为战国四公子的入幕之宾。我们都知道的刘备三顾茅庐，诸葛亮在隆中就提出了三分天下的构想，这就体现了诸葛亮极强的总结概括和向上汇报的能力。朱元璋在打天下的时候，谋士朱升给朱元璋汇报的建议是"高筑墙，广积粮，缓称王"，可以说，这些都是中国古代汇报的经典案例。

---

① 瑞克·吉尔伯特. 向上汇报［M］. 企业管理出版社, 2014.

因此，好的汇报技巧其实人人都需要，那究竟怎么样才算一个好的汇报呢？总言之，有六个字：清晰、简洁、有力。

首先，发言者应向提问或听取汇报的人士致谢，作为开场白，然后针对问题或工作简洁地列出即将表达的主题。其次，列重点，展故事。就是所表达主题的要点，而故事则是指对重点进行的具体表述。重点要注重简洁与一致性，发言者宜采用2~6个字的简洁词组或短语进行表达。重点由左脑控制，而左脑支配着人的逻辑，这要求我们有逻辑地讲出重点。紧扣重点展开故事部分，就是需要发言者围绕主题叙述内容，对要点进行细化的表述。如果属于意见看法类提问，完成内容叙述后的评论部分应与重点相呼应。具体内容的叙述由我们的右脑控制。最后，将之前的内容进行总结，复述重点内容。为照顾迟来听取人士，完成重点和故事进行结论时，应重复重点和有关意见评论，用语保持前后一致。

注：下面是汇报时的思维构图

	结论
重点三	
重点二	
重点一	故事　小重点 小重点
前　言	重点一
	重点二
	重点三

图一

除了以上提到的表达技巧以外，一个好的汇报还需要言简意赅：不超过一张A4纸的汇报大纲。这张纸的汇报内容，需要做到：

（1）列大纲明确汇报内容。要根据汇报的内容，把必要的信息在简短的篇幅中清晰列示，以便使汇报者在最短的时间内对汇报内容有所了解。

（2）列问题认真分析原因。在事情完成的过程当中要时刻思考存在的问题，分析其原因，并找出初步解决方案，以便汇报时进行沟通讨论。

（3）列数据清晰对比趋势。重要的数据、比例和对比需清晰列示，以对数据进行对比和分析，了解业务发展趋势。

（4）使用图表或表格需讲究场合。使用彩色图表和单色表格需考虑展示方式，无法打印彩色图表的，可考虑使用单色表格。

（5）内容注意准确性和统一性。报告内容需保证准确性和前后统一性，避免错字错句的情况，以免给阅读者造成不必要的困扰。

（6）知晓了表述及书面的汇报技巧，还需要做到知行合一，在平常的工作和生活当中都可以运用这些小技巧来帮我们让事情完成得事半功倍。一个好的管理者必然是一个善于汇报工作的人，因为在汇报的过程中，管理者能得到领导对其最及时的指导，使得管理部门更快地成长。

【例子】

时间：

九月二十日下午五点

秘书：

（第一步）报告董事长，感谢董事长对我的信任，让我负责采购一事。

（第二步）我的任务是在九月二十八日下午六点之前完成泰国香米采购。

（第三步）针对泰国香米采购这一任务，我下面会向您汇报两个要点：

1.泰国香米采购进度；

2. 跟催反馈。

（第四步）首先是采购进度，在采购进度方面，B组采购进度顺利，已完成60%，A组采购进度较慢，已完成40%。

在跟催反馈方面，我了解到A组出现人员减员的情况，现在我已准备调动人手援助A组，而B组则没有出现问题。

（第五步）以上香米采购进度和跟催反馈就是我今天要汇报的两个要点。

到目前为止，我们公司泰国香米的采购任务正稳步进行，预计能够准时完成任务。

【**例子**】（引用笔者在天泰集团培训时，学生王鹏的一段培训心得）

张老师把学员分成6个小组，讲座一开始，张老师就给每个小组，做了一个"任务指派"：让大家都折一张纸；并且给予了折纸的要求（给予指示）；然后在折纸的过程中不断询问折纸的进度（跟催）；对于进度太慢的小组，张老师会示意助教给予适时的提点（给予协助）；对于折得好而且快的学员，张老师给予了一定的表扬（正面性反馈）；对于折得差的学员，也给予进一步的提示（纠正性反馈）；对进度实在太慢的学员或小组，助教提供了新的纸张，并邀请提前完成的小组给予演示（解决问题）；最后，邀请率先完成任务的小组组长，重新阐述折纸过程（汇报）。

	左		右
1.任务指派	Assign	5.正面性反馈	Positive Feedback
2.给予指示	Give Instructions	6.纠正性反馈	Corrective Feedback
3.跟催	Follow up	7.解决问题	Problem Solving
4.给予协助	Give Assistant	8.汇报	Report

附——A4折纸的照片

八大管理技巧

Assign
任务指派

Positive Feedback
正面性反馈

Give Instructions
给予指示

Corrective Feedback
纠正性反馈

Follow up
跟催

Problem Solving
解决问题

Give Assistant
给予协助

Report
汇报

下面，我们进入八大管理技巧的正题：

管理者是一家企业的磐石。在企业中，管理者一向都是最稀缺同时又是最珍贵的资源，建立一支管理队伍需要多年的时间，但由于管理不当等原因，却可能在一夕之间垮台。曾有一句话说得好"不要用战术上的努力，来掩饰战略上的懒惰"。在很多时候，如果方向正确，工作狂通宵做方案，学生党熬夜背题，或多或少都能达到自己的预定目标。但是，这种做事的方法缺乏效率。原因是脱开了管理，那么事情的整体逻辑也没可能摸索清楚，企业也乱得一团糟。人在山东的蓬莱，明明想要东边烟台的苹果，却在南边通往摘梨的路上跌倒，一再跌倒爬起，再多的付出就成了苦情戏。如何让管理者做到有条不紊地把工作做对，以下的八大管理技巧从逻辑的严谨性为我们另辟蹊径。

八大管理技巧快速记忆法

（1）头尾不用记，由任务指派开始，汇报作结束。

第一个是任务指派，最后一个是汇报。

（2）主动给予：给予是主动性的，这样才会让工作有效率而且让沟通更顺畅。

第二个是给予指示，第四个是给予协助。

（3）有两个反馈：对于员工工作的表现要及时给予反馈，共有两个。

第五个正面性反馈，第六个纠正性反馈。

（4）三和七对称：跟催是将整个八大管理技巧串联，最重要的催化剂，所以跟催后有任何阻碍任务进行的环节，都需要及时把所有的问题解决。

第三个是跟催，第七个是解决问题。

三、"爱易达"：完美沟通成交心法

吸引眼球	Attention
产生兴趣	Interest
挑起欲望	Desire
做出决定	Decision
马上行动	Action

开场——折纸：

"爱易达"完美沟通成交心法在讲座开始之前，讲师会先发一张A4的白纸给各位学员，然后讲师会花20秒钟左右的时间，将纸折好呈现给各位学员看。

Attention   吸引眼球

Interest   产生兴趣

Desire   挑起欲望

Decision   做出决定

Action   马上行动

　　"爱易达"总共有20个字，讲师利用八大管理技巧，协助学生将此20个字整齐划一，按照统一的格式，从"吸引眼球"开始往下列。

　　从开场折纸，再将"爱易达"完美沟通成交心法20个字写好，每介绍到一个步骤前，首先以英文引出，再让学员翻译成四字中文。在翻译的过程当中，其实也是一个让学员加深记忆的过程，翻译出来的四个字既有"信、达、雅"的效果又能让人记忆深刻。这个时间大约在30分钟左右。

　　下面，我们正式开始介绍什么是"爱易达"完美沟通成交心法（AIDDA）：

　　在我们的生活中时时刻刻都需要沟通，沟通是连接人与人之间的纽带，俗话说："说上话是缘分，说好话是技巧，说对话就是一门艺术了。"我们在此把这种艺术归纳为"爱易达"完美沟通成交心法（AIDDA），它并不单单适用于销售人员，同样对于家长、单身男女以及同事之间维持并经营好彼此之间和谐相处具有重要的作用。"爱易达"完美沟通成交心法有五个步骤，分别是吸引眼球（Attention）、产生兴趣（Interest）、挑起欲望（Desire）、做出决定（Decision）、马上行动（Action）。这五个步骤环环相扣，缺一不可。

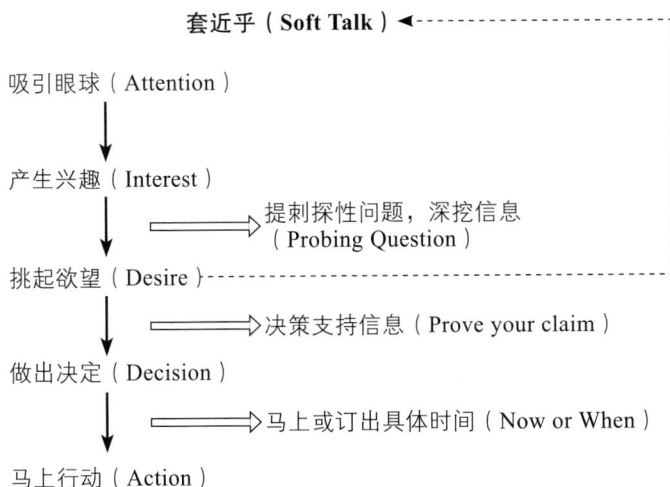

套近乎（**Soft Talk**）◄ - - - - - - - - - - - - - - - - - -

吸引眼球（Attention）

↓

产生兴趣（Interest）

⇒ 提刺探性问题，深挖信息
（Probing Question）

↓

挑起欲望（Desire）- - - - - - - - - -

⇒ 决策支持信息（Prove your claim）

↓

做出决定（Decision）

⇒ 马上或订出具体时间（Now or When）

↓

马上行动（Action）

图一　"爱易达"完美沟通成交心法（AIDDA）

1. 吸引眼球（Attention）

在吸引眼球之前需要有一个套近乎（Soft Talk）的过渡，这会使得整个"爱易达"的过程更加完美。一段精彩的开场白，不仅可以成功地吸引到客户的眼球，而且还为后来的良好沟通奠定了坚实的基础，同时能达到与对方谈判地位对等的目的。

我们经常会使用如天气、着装、对方的精神状态、办公室的摆设、交通状况等作为开场白的话题。正如"爱易达"中，繁体"爱"字里面包含"心"字，因为我们用心，所以有所准备，这就使得整个开场白更自然、更顺利。使用开场白往往不止一次，如话题不能引起对方兴趣，则有必要马上转换。好的开场白其实是一个"套近乎"的过程，它能自然而然地帮助你在一个更亲近的关系上展开你的话题。

一段好的开场白往往能让我们接下来的交流更加顺利，而为了让我们顺利打开话匣子，我们也需要用心去了解一个地方的风土人情。每一个地方都会有适合自己的风俗，那么我们也就会有不同的套近乎的方式，拉近彼此间的距离。

在北方，人们有见面相互递烟的习惯。碰上两个人都有抽烟的习惯，一支烟的工夫，两个"臭味相投"的人便能相谈甚欢。要是碰上不抽烟的人也没有关系，一个递烟的动作，不仅表达了对对方的尊重，也拉近了双方接下来交流的门槛儿，让接下来双方之间的交流更加顺利。

【案例】

有一位广东的老领导，每次见到陌生的客人第一句话通常是问对方是哪里人，若客人也回答说是广东，则欣喜地称呼对方为老乡，如果对方回答的是其他的地方，他则引出碰巧有在这个地方的朋友套近乎。

这个开场白的成功在于设计了一句拉近与客人之间距离的开场白，它简明扼要，却极易引起别人的共鸣。

2. 产生兴趣（Interest）

吸引眼球和产生兴趣具有连贯的效应，但是对方对你的产品、服务、话题，有没有兴趣最关键在卖点和好处的转换。

进入主题能从吸引眼球到产生兴趣，主要还是有一些我们产品、服务的卖点让对方产生了有什么样的好处，这些好处如刚好能够打到对方的痛点，这时候就很容易产生兴趣。在产生兴趣这个阶段利用开放式的问题询问对方是一个绝佳的技巧。

从吸引眼球到产生兴趣，过程非常微妙，关键就在于整个开场白是否能很平顺地过渡，如能从开场白当中就吸引眼球，就很容易在进入主题时让对方产生兴趣。

3. 挑起欲望（Desire）

从产生兴趣到挑起欲望，关键在于如何"挑起"。下面介绍两个挑起欲望的关键动作。第一，提出刺探性的问题（Probing Question），从问答过程当中深挖到更多的信息，再根据对方的需求提出适当的对应，经过几个回合，逐渐达到挑起欲望的目的。刺探性问题的提出也是需要技巧的。首先，要有所准备，切忌仓促发问或脱离主题。毫无准备提出无关紧要的问题，会适得其反。我们可以在事前准备一张问题清单，把希望通过谈话而得到解答的问题一一列出，避免有所遗漏。其次，要注意交流时的技巧。与对方对话的过程当中要做到"真诚"和"有互动性"，

两者缺一不可。这里所提到的提出刺探性问题并非一直在
抛出问题让对方回答，而要做到轻松聊天儿，在聊的过程
当中有引导性地逐一提问，同时注意问问题时的逻辑性。
第二，可以让你的顾客亲身体验。任由你的口若悬河，都
不如让顾客亲眼所见、亲身感受。在条件允许的情况下让
顾客体验产品或服务，胜过千言万语，这种体验的提供，
能大大地提高顾客欲望被挑起的概率。

4. 做出决定（Decision）

在相互交易完成的过程，其实就是一个顾客在"决
策"的过程。在有限的时间内，要想让顾客选择相信你而
做出决定，你就必须提供比别人更多的"决策支持信息"
（Prove your claim），从而加速顾客的"决策"过程。
那么，有哪些重要的决策支持信息呢？采用图示、PPT、
文字说明，或360度产品展示、数据报告等向顾客展示功
能、优势对比、价格、后期服务等信息，都能使顾客更加
信任，以便更快达成交易。人们都害怕吃亏，所以很在乎
别人的使用体验。希望通过"体验替代"来减少自己犯错

的可能性。因此，人们很在意"第三方客户的意见"。所以，如果在这些决策支持信息里面能提供第三方的见证则会让你的决策支持信息更加强而有力。具体操作过的成功案例，常常有锦上添花的效果。

5. 马上行动（Action）

谨记一句话，最好的时候就是现在（The best time is now）！很多事情不能拖，时间拖久了，很多事情会在你意想不到的情况下发生变化，所以，这也要求我们要有备而来，马上行动。在顾客做出决定与你达成交易的时候，需要马上向其落实交易完成的协议，包括协议完成的时间、地点等要素。有备而来是需要你提早草拟好协议，这样就可以减少来回修改拖延的时间。

【案例】

1. 正和岛案例

常常听人抱怨"计划总是赶不上变化，要是当初早点儿知道该多好"。也许上一秒钟还晴空万里，下一秒钟就突然乌云密布。变化来得总是太快，让我们猝不及防。你永远不知道下一秒钟会发生什么。所以，要抓紧时间，现在，是最好的时候，也是最晚的时候！

关于正和岛，我先要恭喜其会员已突破100万企业家。

我第一次接触到正和岛是在2013年。某一天的早上，当我在晨读时间浏览微信群的文章分享时，猛然发现，在近一周内读到的六七篇优秀文章当中，竟然有两篇是出自正和岛公众号的分享，顿时吸引了我的眼球。

我从那时候起便一直关注着正和岛的公众号，直到2014年，我发觉正和岛的公众号不管是文章质量还是加入正和岛的企业家影响力都在不断地向上提升，频频出现好文章，这时候我对企业家平台产生了兴趣。后来发现，我几位EMBA的师兄，包括北京、上海许多企业家朋友也陆续加入企业家的团队，发觉正和岛多次举办的线下活动，人气旺盛，一些知名的企业家都慕名而来，并乐意为这个网站背书，几位知名作家、大牛，也在公众号分享他们亲身的经历，这才真正挑起我的欲望。在挑起欲望的过程中，有几点是让我印象非常深刻的，第一个是去北京参加一个研讨会的茶歇时间，有两位曾经分享文章的企业家，推荐正和岛的公众号，表示加入以后，所有朋友的信息就一致，不用再转发文章或打电话通知活动。然后，一些线下活动分享持续好评，正和岛用2012—2014年近两年的时间，奠定了非常好的基础，在接下来几年不断地证明，参与人群、发表文章、线下活动，都是高质量，所以做出决定后马上行动加入了公众号。

2. 早教机构案例：体验是为了更好地挑起欲望

在竞争日益激烈的今天，企业要想获得好的营销效果，一个让顾客亲身体验的过程将能起到四两拨千斤的作用，让顾客瞬间被挑起购买欲望。而许多企业在营销的过程中，往往费尽心思地为客户讲解，以希望能够引导顾客参与亲身体验并达到购买或成交的最终目的。殊不知，最好的亲身体验其实在营销的最初就应该开始了。

一位朋友为其小孩挑选早教中心的例子，就正好诠释了"爱易达"的法则。该朋友第一次接触这个早教中心是在某商场。为了使产品迅速打进市场，该早教中心在开业伊始，别出心裁地在某大型商场举办了一次精彩的表演，并且摆放了早教中心的标志玩偶在现场给小朋友一起合照，成功地吸引眼球。除此以外，早教中心结合各种气球、小玩具等派发传单和体验券，让参加活动的围观人群并不抗拒地接受并对相关的内容进行阅读达到产生兴趣的效果。得到体验券后，该朋友带着儿子来到了早教中心。从踏入早教中心的第一步开始，"爱易达"法则以顾客"体验"的方式完整地演绎了一次。开始让顾客"体验"整个中心的服务：进门测量亲子的体温、消毒、换鞋及穿上中心所提供的鞋袜等一连串的细致做法，让家长对卫生条件的体验有一个切身的体会，成功地吸引了家长的眼球。千言万语对场地卫生的赞美，都不如这样让家长们体验一次。在如此细致的卫生条件下，更能产生让家长对后续体验课产生强烈兴趣的效果。接着是正式的体验课程，是让感兴趣的孩子和父母一起进入常规的课堂（并非专门开设的体验课程），通过与外教的互动、游戏、交流等让家长对课程有更深入的了解，小孩对课堂的专注和兴趣更让小孩的家长瞬间被挑起了欲望。课后，外教还会针对新来的小朋友和家长在课堂上的表现来做出引导，告诉家长怎样的陪同方式能让小朋友更好地体验课程，以及告诉小朋友的表现如何。这都让家长们强烈激发出马上加入课程的欲望。在外教讲解过后，课程顾问马上拿出相关的课程方案及优惠方案推荐给顾客。体验了如此生动的课程，我的朋友毫不犹豫地为儿子选择了一年的早教课程。这种体验课堂的方式比用100句"经典话术"更为有效。相比之下，我们有些企业至今仍保持传统的营销模式，促销方式习惯跟着感觉走，以致推出的促销方式不是步人后尘，就是偏离了市场，结果普遍感到竞争激烈，生意难做。与其费尽心思研究所谓的"营销话术"，费尽口舌去说服你的潜在客户，不如让他们去切身体验一把，更容易挑起顾客的欲望，进而做出决定，马上行动。

3. 年轻妈妈案例

在商场上，现在对于企业来说是最好的时机，在生活中，现在对于你来说是最好的时机，同样，对于教育孩子来说，当你发现孩子出现了问题，现在，也一定是你教育和引导的最好时机！

年轻妈妈们每天必做，同时也是比较头痛的事情是让孩子多喝水。

有一天，不知为什么当妈妈让孩子喝水时，他扭头说，不喝，我不喝。如果你是妈妈，你会怎么办？生气、发脾气……这位智慧的妈妈并没有这样做，她不跟孩子纠结于喝水这件事，而是和孩子说，你要不要看妈妈给小花浇水呢！孩子一下被吸引了眼球，好呀！（"爱易达"完美沟通成交心法里面很重要的一点："如原话题不能引起对方兴趣，则有必要马上转换，帮助你拉进与沟通者的距离，在一个更亲近的关系上展开你的话题。"）

妈妈边浇水边说："小花多喝水，可以长高哦！宝贝，你也让小花喝点儿水吧。"孩子高兴地接过浇水壶，细心地给小花浇水，还自言自语"小花快快长高……"（妈妈引导孩子亲自浇水，真正挑起了孩子的欲望）这时，妈妈拿起了旁边的水杯，一边喝水一边说："宝贝，妈妈也喝水，长高。"孩子马上跳起来"妈妈，我也要喝水，我也要长高……"，最后还和妈妈干杯。

四、一位CEO六大特质八个养成计划

1. CEO的六大特质

CEO，一个企业的灵魂人物，他们总是走在企业发展的最前沿，不断把企业带向更高的发展平台。一个成功的CEO应该具备什么样的特质，才足以让他们将自己的作用发挥到极致，把企业运行得更好，并且在风起云涌的商业战场表现得更加游刃有余，总体来说共有六大特质：

（1）不可思议的智商能力（Incredible Intellectual Capacity）

所谓的不可思议的智商能力，并非仅仅局限于我们常说的高IQ或高EQ。作为一名CEO，他们对公司的一切重大经营运作事项进行决策，包括对财务、经营方向、业务范围的增减等；参与董事会的决策，执行董事会的决议；主持公司的日常业务活动；对外签订合同或处理业务；等等。我们所说的智商能力，并不是要求他在每一个领域都是高智商的能人，这个不可思议的智商能力包括两点：思维和逻辑判断力。管理工作的效果，从根本上来说取决于CEO的科学思维方式。多元的、开放性的、换位的、创造性等的思维方式都是CEO所需汇聚的。此外，大量的管理工作在匆忙中进行，问题又多是错综复杂。这就要求主管人员必须有敏锐的观察力、正确的判断力、果敢的决断力。判断力有助于CEO在进行部门规划和工作计划时，提高工作效率和准确度。再加上较强的逻辑思维能力，对于CEO实际工作行为的有效性能够带来很大的提高。

【案例】

百度公司创始人、董事长兼CEO李彦宏

先是北大骄子，再驰骋硅谷，到后来回国创业，李彦宏的高智商不但体现在他的聪明绝顶，他的商战策略才是

决胜千里的关键。先是在读博期间受到赏识，之后便毅然放弃学业，接受了这家公司提供高级顾问的职位。而后在1995年，便坚持每年回国考察，直到1999年，李彦宏在判断国内环境已经成熟后，便当机立断，启程回国，转战国内。2001年，李彦宏提出要将百度转型做独立搜索引擎网站，开展竞价排名计划。当时，即使李彦宏详细陈述了自己的观点与计划，仍然遭到了所有股东的一致反对。得不到肯定的李彦宏平生第一次发了大火。最终，投资人被李彦宏的态度打动，同意了李彦宏的计划。事实证明，在竞价排名推出之后，百度一跃成为全球第二大的独立搜索引擎，在中文搜索引擎中位列第一。

合作伙伴或是朋友在谈及对李彦宏的最大印象，都会说"睿智"二字。李彦宏出色的技术背景，对商战有敏锐的直觉和出色的判断都令所有人叹为观止。百度副总裁朱宏波曾对李彦宏的评价是："虽然以前从事技术工作，但他的商业思维和市场眼光非常独到，对搜索产业方向的把握和商业竞争的规律和规则理解得非常到位。"

（2）杰出的领导特质（Outstanding Leadership Qualities）

其实CEO所谓的领导特质及所谓的御人术，归根结底就是两个字：沟通。一个成功的CEO必定能创造并和大家沟通出成功的愿景，然后朝着这个愿景不断建立复杂的组织和带领着团队完成别人眼中不可能完成的任务。真正有效的领导特质，不是你用领导的身份去命令别人把事情做了，而是一种非权威地位却能凝聚不同的人一起把事情完成的影响力。

【案例】

阿里巴巴集团创始人马云

马云的领导特质可以通过马云身边的三个人物故事来体现：

故事一：马云的第一位贵人：澳洲工会领导Ken Morley对马云看待人与人交往的思维方式影响。众所周知，马云对英语情有独钟，他曾免费为老外当向导以练习口语，与Morley的交往也是从这里开始，Morley对马云的影响是潜移默化的。对思维方式逐渐成形的少年马云而言，Morley的言行，让他学会了从西方人的角度看待人生和世界，看待人与人的交往。

故事二：阿里巴巴集团副董事长蔡崇信。在马云的创业阶段，蔡崇信放下七十万美元年薪的工作，不顾家人及当时怀孕的妻子的反对，投奔马云，为马云保驾护航，到最后成就了阿里巴巴。第一次与马云见面，蔡崇信就被马云的人格魅力所吸引。他欣赏马云的个性，但真正打动他的地方是马云与一群追随者患难与共的事实。

故事三：阿里集团资深副总裁兼菜鸟首席运营官童文红。在童文红正式进入阿里做前台的时候，公司分配股权，而马云答应给到当时还是前台的董文红0.2%的股权，直至2014年阿里巴巴上市，童文红的坚持让她身价飙升至3.2亿元，是什么让童文红如此坚持地留在阿里，那是因为她信任马云，无条件地信任马云所打造的这个平台。

（3）真诚和操守（Honest and Integrity）

人无信，则不立。无论是履行企业社会责任还是追求企业利益，客观上都要求企业认真对待诚信的问题。诚信最能体现企业的品质，也是CEO所需秉持的职业道德操守。企业的每名员工都需要具备职业道德的基本要求，相比普通员工而言，作为企业CEO必须具备更高的职业道德水准。因为企业管理者的职业道德问题所产生的辐射效应，很大程度上会影响到整个企业的价值取向与和谐稳定。一个好的CEO，会把他自身所有的真诚、道德和操守，带到企业的技术、产品和管理中，共同引导着企业更好地发展。

【案例】

海尔集团首席执行官张瑞敏

大型家用电器2016年零售量全球第一、八次蝉联世界第一、连续11年蝉联中国最有价值品牌排行榜……张瑞敏，带领着海尔集团，从一家资不抵债、濒临倒闭的集体小厂逐渐发展成为全球最大的家用电器品牌制造商之一。回顾海尔集团三十年来的发展历程，不难发现，张瑞敏极高的道德操守引领着海尔集团一路高歌猛进。

1985年，一位用户向海尔反映：工厂生产的冰箱有质量问题。面对当时物资紧缺、企业连开工资都成问题的状况，张瑞敏不忘初衷，召开了一个全体员工的现场会，决定将76台质量有问题的冰箱当场砸掉，并且由生产冰箱的员工来砸。这一决定，让许多人，甚至是海尔的上级主管部门都难以接受。但张瑞敏明白：如果放行这些产品，就谈不上质量意识！我们不能用任何姑息的做法，来告诉大家可以生产这种带缺陷的冰箱，否则今天是76台，明天就可以是760台、7600台……所以必须实行强制，必须要有震撼作用。结果，就是一柄大锤，伴随着那阵阵巨响，真正砸醒了海尔人的质量意识！从此，在家电行业，海尔人砸毁76台有缺陷冰箱的故事被传开了！至于那把著名的大锤，已经被收入国家历史博物馆。

（4）坚持工作伦理、热诚、有韧性、有干劲儿（Work Ethic，Enthusiasm, Intensity and Drive）

CEO有战士般的特质，让他们不屈不挠，无论任务有多困难，他们都具有超高标准的职业道德、超乎寻常的精力。同时，CEO有着非凡的韧性，对自己所坚定的事情能坚定不移地做下去。旅行房屋租赁公司AirBnB花了1000个日子才走上正轨。想一想，如果他们的CEO在第999天决定放弃会怎样？最出色的CEO往往会全力以赴，即使在最灰暗的日子里也能够勇往直前，最出色的CEO也享受着任何能让工作完成的过程。

【案例】

耐克的创办人前CEO菲尔·奈特（Phil Knight）

许多代言耐克这个品牌的运动员，像NBA的迈克尔·乔丹、科比，网球名将纳达尔、阿加西，足球明星鲁尼……都比这位创始人还要知名。菲尔·奈特早在1964年，和他的大学长跑教练比尔·鲍尔曼各自出资500美元创立了耐克的前身——"蓝带公司"。当时奈特白天在普华永道做循规蹈矩的会计师，下班就到大学校园或运动场摆地摊卖他们从日本进口的运动鞋。由于缺乏资金，他们没有固定的办公地点和营业室。销售产品时，住房就是店铺，推销车成了办公室。为了节省租金，他们选在垃圾站附近开店面；包装费太贵，他们从废品收购站买来旧的包装纸做包装。即使如此，奈特仍然梦想着有一天他的运动鞋能够打败当时最为畅销的阿迪达斯运动鞋。1980年，凭着对工作的坚持、对运动鞋的热诚和对赶超对手的不屈韧性，耐克终于击败了阿迪达斯，成为美国体育行业的领头羊。

Nike　1984年

请当年在芝加哥公牛队的篮球明星，迈克尔·乔丹成为他的第一个代言人，并推出首次采用气垫的比赛用篮球鞋AirJordan1鞋款。这双鞋原本因为公牛队违反着装条例而受到NBA的禁止，却没有成为销售的阻碍，1个月就在美国卖出40万双，AirJordan销售元年就达到一个亿的美元；迈克尔·乔丹和AirJordan自此画上了等号。

1988年　Just Do It

请八十多岁的长跑运动员华尔特·斯塔克待业，Just Do It 这一个广告词，在1990年代风靡全世界。

2016年　退休

创办的时候出资1000美元，52年市值达到700亿美元。足足成长了7000万倍，无论放在创投、天使投资或者是任何创业者，投资报酬都是相当可观的。

（5）天生的人格魅力（Natural Charisma）

人格魅力主要是指领导者在与他人沟通交往中，改变和影响他人的想法的能力。CEO人格魅力的大小，直接关系到领导水平和领导力。CEO的人格魅力往往体现在气质、风度、人品、知识等方面，靠的是令人敬重的人格魅力，而非令人畏惧的强权。企业领导者的魅力直接关系到企业的持续发展和生存。企业领导应特别重视树立企业家精神和领导者人格魅力，让其成为市场残酷竞争中的中流砥柱，战胜竞争对手。

【案例】

美国苹果公司前CEO 史蒂夫·乔布斯

借用1997年苹果《非同凡想》广告："致疯狂的人。他们特立独行。他们桀骜不驯。他们惹是生非。他们格格不入。他们用与众不同的眼光看待事物。他们不喜欢墨守成规。他们也不愿安于现状。你可以认同他们，反对他们，颂扬或是诋毁他们。但唯独不能漠视他们。因为他们改变了寻常事物。他们推动人类向前迈进。或许他们是别人眼里的疯子，但他们却是我们眼中的天才。因为只有那些疯狂到以为自己能够改变世界的人，才能真正改变世界。"而乔布斯正是有着这样"疯狂"的领袖魅力，带领苹果公司以及他的团队不断地创造奇迹。

拥有独特人格魅力的乔布斯不但获得了团队的敬重，其对无论是竞争对手或是与其共过事的人也产生了长久的影响。比尔·盖茨在乔布斯过世后评价说：很少有人对世界产生像乔布斯那样的影响，这种影响将是长期的。对于我们这些有幸与乔布斯共事的人来说，这是一种无上的荣幸，我将深刻怀念乔布斯。Facebook创始人兼首席执行官马克·扎克伯格："史蒂夫，感谢你作为一个导师和朋友所做的一切，谢谢你展现出你的工作和努力如何改变世界。我会想念你。"

（6）持续不断的热忱（Contagious Passion）

热忱是一名CEO不可缺少的精神特质，代表一种积极工作的精神力量，这种力量不是凝固不变的，而是不稳定的。但一名优秀的CEO懂得如何善加利用他的工作热忱，可以使之转化为巨大的能量。同样一件事情，一位有热忱的CEO和没有热忱的CEO对比，完成的效果是截然不同的。前者会使他的团队变得有活力，工作干得有声有色，创造出许多辉煌的业绩；而后者，则使整个团队变得懒散，对工作冷漠处之，当然就不会有什么发明创造，潜在能力也无所发挥。作为一名CEO，如果对工作失去热忱，你自己垂头丧气，别人自然对你丧失信心；你成为这个职业群体里可有可无的人，也就等于取消了自己作为CEO的职业资格。

【案例】

阿芙精油CEO孟醒

在接受采访时，孟醒曾经说过："我觉得对于年轻人创业最大的资本是你创业的激情。"正是因为这样持续不断对创业的热忱，在阿芙精油步入稳定的商业模式后，孟醒忽然产生了"今生不过如此"的忧郁和无所事事的迷惘，为了保持对创业的热忱和寻找更多的激情，他开始了雕爷牛腩的创业之路。孟醒一路走来，对创业的激情可谓从未停歇，1998—2014年这16年间，雕爷创立的公司竟达8家之多。

2. 八个养成计划

有了这些强而有力的特质后，CEO拥有改变公司及建立策略性商业计划的能力，也就不必惊讶了。现在，你知道了成功CEO的特质，你要如何达到呢？无论你身处哪一家公司、担任什么职位、年龄多大，及早开始计划，永远是不会错的。

（1）一套好的工作方法和其他人共事

去创造一套好的方法和其他人一起工作，你必须培养一套经证明有效的方法学：一条你为属下设计的职业生涯规划、一套危机管理计划、一个达成愿景及目标的行动方案。

（2）在职场上及早找到一位良师益友

无论你在哪家公司服务，要知道谁是赢家。良师益友知道要怎么做才能爬到最上头，也会针对你的工作类型提供适当的课，他们能够把有效的经验及想法与你分享。

（3）尝试风险及接受挑战的机会

建立接受冒险及征服挑战的声誉，在成长为一名优秀CEO的路上一定会有加分的效果。

（4）雇用优秀的员工

让同人们感受到重视，并随时在紧要关头出现在他们的身边支持他们，提供给他们必要的协助，同时让员工对负责的工作有责任感。

（5）了解媒体

你要成为一个能和媒体侃侃而谈的CEO，这会让你像走星光大道般，受到众人的瞩目。当你成为专业领域的翘楚后，你的名字就会带来滚滚财源。

（6）建立坚固的人际网络

和各行各业重要高级主管建立强大而有力的人际网

络，并在职场生涯中和他们保持密切联络。当你调任到其他地区或国家，千万不要错过拓展人脉的机会。

（7）提升你的职场生涯

不断寻找允许你发挥创意，并培养团队合作视野的职位，以便让你得到更扎实的经营能力。

（8）让公司持续成长并创造出亮丽的财务数字

公司越赚钱，对你越有利。

最后，勾勒出你有干劲儿、有梦想、充满精力、一点就通、有操守的个人特质，强烈地专注于成功。如果你有天分培养策略性的职场规划，同时建立优秀的声望，就会有许多好的公司想尽办法找到你，争先恐后地招揽你协助他们的企业更上一层楼。

无疑地，成为CEO是一项很大的挑战；但挑战也正是CEO能够如滔滔江水，后浪一波一波追逐着前浪，一代超越一代，创造出无限奇迹的原因。

Part 2

留住好员工：
激励和赞美

一、基础肯定

1. 谢谢

任何一种既有趣又让人记忆犹新的锦囊妙计以及吸引人的小赠品都比不上最传统的、有效的一句话，那就是看着对方的眼睛用诚恳的语气说出一句"谢谢你"。这是肯定和激励员工最经济且有效的方法，学会欣赏员工，搭起理解和信任的桥梁。

【案例】

米克公司的总裁表示，在他20年的专业生涯中，他曾到过数百家公司，与上千名员工面谈。在这些交谈的过程中，有一个共同且令他印象深刻的重点——员工都在抱怨公司鲜少对他们的表现给予很好的赞扬和奖励。有位员工说"我不见得很在乎公司付我多少钱，可是当我把工作做得很好的时候，我希望我的老板能向我说声谢谢，或者至少向我表示点儿什么，让我知道他重视我的存在"，有的员工说"每当我把事情搞砸了，我会听到上头的声音，可是相反地如果我把事情搞得很好，我就什么声音也听不到"。因此，这名总裁意识到赞美员工非常重要，它是激励的最经济，也是最有效的方法。

2. 倾听

你正在寻找一个成本低、效果佳的方式去肯定别人吗？试着借一双耳朵来倾听他们所说的每一句话。倾听是世界上肯定他人的方式中，利用率最低的一种，但往往能产生很大的影响力，无论你要肯定的那个人是同辈、属下、老板或是顾客，倾听就是传送给他们你很在乎的信息，这也代表他们对你的重要性。

【案例】

在对员工建议的重视方面，即使只是一件小事，腾讯公司领导也会尽最大可能，高效快速"倾听"员工提出的建议后，做出举措。

在腾讯，每一位员工每天都能享受到免费的夜宵。然而对于许多员工来说，他们希望公司能够同样提供免费的早餐。于是，在Pony创立腾讯19周年的前一天——2017年11月10日，公司听取了员工的提议，腾讯高管经过简短的讨论之后决定，为员工提供免费早餐。

让高科技园区附近写字楼热烈讨论的是，在做出为员工提供免费早餐的决定之后，在11月13日，腾讯就落实了为员工提供免费早餐的提案。仅用两天的时间就为近四万名员工提供了免费的早餐，倾听员工心声加上高效的执行力，让人感受到腾讯对公司伙伴们的重视。

3. 身体语言

养成利用以正面的手势，表示肯定的习惯。像"竖起大拇指"、"击掌庆贺"这些简单的动作，不仅肯定了别人，也使得工作场所散播出持续蔓延的热忱，增加公司发挥整体战斗力的氛围。

4. 量身定做

以量身定做的认同方式去肯定对方，而不要假设别人喜欢和你自己一样的赞美方式。一个成功的肯定，是站在接受者的角度，并非赞美者的观点；是让接受者感到愉悦、满足，有成就感，是为他量身定做的赞美和肯定，这样不会让他感到尴尬和不舒服。

5. 一箭双雕

对于团队中的同人或者即将加入你团队的新人，你可以提出这样的问题——"在过往的生活中，有没有接受到特别好的表扬或者肯定方式，让你觉得印象深刻并且感到自豪？可以来自父母、老师的鼓励，也可以是被同事或者领导赞扬。"从这个问题中，你不仅能够学到很多提高团队士气的方法，同时也可以表现出对同仁和新进成员好的预期，这个"一石二鸟"的绝佳方法真的很有效。

6. 重复行为

记下人性"101法则"（重复的行为），并运用在和每个人的相处上。请记得，会被强调或是被复制的行为，和钱一样重要，可以将那些行为存入银行，并随时提领。

7. 闲话家常

感情因素对人的工作积极性的影响十分巨大，像普通人之间交朋友一样，去了解你要肯定的人。加强与员工之间的感情沟通，了解他们心中认为重要的东西，可以问问他们的嗜好、最喜爱的运动、理想的假期，甚至是他们的家庭状况等。这可以体现出你不只是对他们的工作感兴趣，也关怀着他们的日常生活，可以让员工感受到共事者的关心和公司的温暖，从而激发他们的责任感和能力，这是最基本的肯定方法。

【案例】

世界知名的东芝公司，在成立近百年的时候曾一度陷入困境。此时，士光敏夫出任董事长。他上任后，常常不带秘书而一个人前往各个工厂和工人聊天，听取工人们的意见。身为一家大公司的董事长，步行前往工厂与工人闲话家常本身已经非同寻常，更妙的是他常常提着酒瓶去慰劳员工，和他们一起举杯畅饮。刚开始，员工们都感到很吃惊，不知所措。但长此以往，士光敏夫这种不摆架子、和蔼慈祥的姿态赢得了公司上下对他的好感。员工之间互相传着，这个董事长亲切、有人情味、对我们好，我们更应该努力工作、竭力效忠。在士光敏夫上任的不久之后，东芝的收支情况大为改观，两年内便把一个亏损严重、日暮穷途的公司重新支撑了起来，使东芝成为日本最优秀的公司之一。

8. 平易近人

优秀的企业人力资源管理应该是注重"人情味"的，腾出时间给予你共事的同仁，尤其是为你工作的那些员工家庭般的温暖。当你花越多的心思在他们身上，他们就会感到自己越重要，越有归属感和成就感，当然，他们的工作积极性和表现也会越来越好，创造的业绩也就会越来越多。

【案例】

日本三得利公司的创始人鸟井信治郎在工作中对员工的要求十分严格，部下们都很敬畏他。但私下里却被部下称为"父亲"，因为他对部下的呵护像一个充满慈爱、没有距离感的父亲一样。有一次，鸟井信治郎无意中听到雇员抱怨说："我们的房间里有臭虫，害得我们睡不好觉！"于是在半夜时分，当店里的员工都睡着之后，他悄悄地拿着蜡烛，从房间柱子的缝隙里以及柜子间的空隙中抓臭虫。公司一名员工的父亲去世后，他带着公司的同仁们一同前去致哀，并亲自在签到处向前来拜祭的人一一叩头。事后，这名员工回忆起说"当时我感动不已，从那时我就下定了决心，为了老板，即使牺牲性命也在所不惜"。

9. 帮助成长

协助共事同仁崭露他们的才华，并加强他们工作上的技能，有助于企业的繁荣发展。当你愿意为员工的成长花费时间、精力以及尽可能地提供资源，传授经验乃至教训，这不仅意味着肯定了他们的能力和潜力，也为他们未来成功铺路、助推；同时让同仁感受到家人的温暖和关爱，从而调动同仁的积极性和主动性，使同仁少走弯路，多创佳绩，更能使企业在员工成长的同时，也快速发展状大，使企业蒸蒸日上地发展。

【案例】

"帮助别人发挥他的潜力，一方面是我们道义上的责任；另一方面对我们的业务也很有帮助。"强盛威尔的CEO史代尔说："人生应该有抱负，充满学习欲的人是欣欣向荣的，他们是快乐的人，他们也必定是好员工。充满学习欲的人有进取心，有想象力，一家公司如果有很多这种员工，这家公司一定不会打瞌睡。"

我在近几年的讲座中，常常推崇使用"我们"这两个字。来到一个新的工作环境，如果仅仅用小我的心态去做事，通常成就不了大事；但如果能够不断地协助身边的人成长，灵活运用"我们"这个大我的概念，以"我们"作为出发点，在职场中尽可能协助共事同仁，持之以恒，最终达到目标，你会发现，收获最多的往往是你自己，这就是大我创造的结果。在电影《建国大业》中，许晴扮演的孙中山先生的夫人也特地把剧中的"我"修正成"我们"。

10. 关键字眼儿

成功的企业都有自己独具特色的企业文化和价值观，让企业文化和价值观成为你的导航器，从中发掘出具有肯定含义的话语，注重培养员工的认同感，帮助员工尽快融入企业当中。这里有些可能出现在公司文化中的词语，可以用于赞赏那些你认同他们工作的人以及那些有贡献的重要员工：靠谱儿、醒目、尊重、尊敬、诚实、信任、合作、有责任感、有贡献。

【案例】

IBM公司创始人老托马斯·沃森早在1914年创办IBM的时候就设立了"行为准则"，他希望他的公司财源滚滚，同时也希望能借此反映出他个人的价值观。于是，他把这些价值观标准写出来，让所有在IBM工作的人都必须明白公司的文化："必须尊重个人"、"必须尽可能给予顾客最好的服务"、"必须追求优异的工作表现"……IBM每位员工都将这些准则一直牢记在心中，任何一个行动及政策都直接受到这三条准则的影响。

后来的事实也证实了"沃森哲学"对IBM公司贡献出的力量，比技术革新、市场销售技巧以及庞大的财力所贡献的力量更大。

11. 庆祝成功

可考虑将同仁聚在一起，讨论哪些人展现出公司认为很重要的正面行为，来作为一场会议或是训练课程的结束。谁最近有杰出的客户服务表现？讲到团队合作，谁又是其中的代表人物？谁做出对公司很有价值的贡献，值得大家向他说声"谢谢"？按时问自己这些问题，你会发现更多正面的例子。

12. 擘划远景

你可以借由将同仁好的表现联结到"美好愿景"作为彼此对话的结尾。若只是说："哇！你表现得真好！"不如试着说"你表现得太棒了！提升公司和一位大客户间的关系，我深信她很快就会和公司有生意上的往来了，你就是他们向公司下订单的最大功臣"这样的话。

13. 正面清单

借着制作一份值得肯定的行为及好表现的清单，开始培养一种"感激的态度"，把所有的想法，每隔一段时间就加入其中。最重要的，睁亮你的眼睛，看谁做出你清单中列出的好表现，然后肯定他们。这里有10个鼓励员工的机会，可让你的名单有个起头：

（1）长期正面表现：一年全勤的同仁；

（2）超出预期：成本控制在预算之下；

（3）志愿参与有困难的任务；

（4）协助公司其他同仁达到目标；

（5）在工作上表现"持续性的热忱"；

（6）提出节省时间或成本的好方法；

（7）要求或接受责任之外的任务；

（8）服务客户有超水准的表现；

（9）完成内部训练课程或外部教育训练；

（10）在压力下保持冷静的头脑。

14. 观察敏锐

当你观察某人的工作区域时，注意一下他四周的相片及纪念品等相关摆饰。要知道他们所摆设出来的饰品一定有相当的重要性，可以问"相片里的小朋友是谁"或"你介意告诉我这是什么奖杯吗？"这样的问题会展现出你对这个人的兴趣，并且也可以从中获得一些线索，知道什么样的肯定方式对他们来说是重要的激励。

15. 赏识重于纠正

着重于员工的优点比专注于个人的缺点要好，鼓励往往比指责更有效。利用"二八法则[①]"：花80%的时间强调做对的事，而只花20%的时间修正做错的事。事实上，大多数的时间，事情是朝着正确的方向发展的，而你所花的注意力就是要反映该项事实。

【案例】

一位28岁的员工在GE公司经历了他一生中最为恐怖的

[①]　二八定律又名80/20定律、帕累托法则（定律），也叫巴莱特定律、最省力的法则、不平衡原则等，被广泛应用于社会学及企业管理学等。是19世纪末20世纪初意大利经济学家巴莱特发现的。他认为，在任何一组东西中，最重要的只占其中一小部分，约20%，其余80%尽管是多数，却是次要的，因此又称二八定律。

一件事——爆炸。实验工厂爆炸发生的时候他正坐在办公室里，非常幸运的是，工厂的安全措施起到了一定的保护作用，巨大的爆炸产生的冲击波冲向了天花板，并没有人员伤亡。但作为这个项目的负责人，这位年轻人有着严重的过失。

第二天，他就驱车100英里前往位于康涅狄格州的侨港，向集团一位执行官查理·里德解释这场爆炸事故的起因。这个人对他是很信任的，但他也做好了挨批的心理准备，甚至想到了最坏的情况。虽然他可以解释为什么会发生爆炸，并能够提出一些解决措施，但由于紧张和害怕，他的自信心就像爆炸的工厂一样开始动摇。

当他走进查理·里德的办公室，心情很快就平静了下来，查理·里德是GE公司中级别最高的有着专业的化学经验的执行官，事实上他也知道这次事故的起因。因此，他表现得异常通情达理。

"我所关注的是你能从这次爆炸中学到什么东西。而你是否能够修改反应器的程序？"年轻人没有想到查理·里德会问这些。

"你们是否应该继续进行这个项目？"查理·里德的表情和口吻充满理解，根本看不到一丝情绪化的东西或者愤怒。

"好了，我们最好是现在就对这个问题有个彻底的了解，而不是等到以后我们进行大规模生产的时候。"查理·里德说道，"感谢上帝，没有任何人伤亡。"

查理·里德的行为给这个年轻人留下了深刻的印象。这个28岁的年轻人就是杰克·韦尔奇，后来成为通用电气历史上最年轻的董事长和CEO，他被誉为"最受尊敬的CEO"、"全球第一CEO"、"美国当代最成功最伟大的企业家"。杰克·韦尔奇在自己的自传中回忆起这段经历时，说道："当人们犯错误的时候，他们最不愿意看到的就是惩罚，而最需要鼓励和信心的建立"，管理者要做的工作就是帮助他们恢复自信心。

16. 最后一次

整理一份和你共事或替你工作同仁的名单，确实地写下你给予每一个同仁每一次肯定发生在什么时间。写清楚肯定他的原因，同时应该记清楚，你最后一次赞美他的正确时间。如果这些都没有做到，可能你的赞美还有待加强。记得，让每个人的脖子上都挂着一个看不到的牌子，上面写着："我觉得自己很重要。"

17. 良性循环

想要找出肯定的方法并建立一个心存感激的公司文化吗？试着为了给予肯定而给予别人肯定！想想看，既然你认为被肯定过的行为，是人们会重复去做的事，那么如果你去赞美那些称赞其他同仁的人，他们是不是也会更自动自发地去赞美别人？其他人看到了，也会陆续加入赞美的行列，产生良性循环。也就是说，在你还不知道谁称赞了谁之前，每个人都已经在肯定周围的同事，这样的企业文化，是相当有力量的。

18. 真诚无价

人们都有喜真恶伪的天性，只有真诚的东西才容易被人们所接受。在肯定公司同仁的时候更是要真情实意，能称之为好的肯定的最重要的一点就是真诚，大部分的人在听到肯定和赞美时都能够分辨你所说的是确有其事还是只是一时兴起随口说的。管理者只有以真诚的态度向对方表示感谢，才能唤起同仁的真挚情感并愉快接受。在肯定和赞美同仁时，看着他们的眼睛表示感谢，并告诉他们，他们好的表现的意义所在，发自内心为他们的工作和成就感到由衷的高兴。

【案例】

凯西·法里斯是波士顿舰队金融集团的资深顾问。她曾经做过一个调查，要求一组银行编码校对员列举出经理需要做哪三件事，他们才愿意继续留下来工作。调查的结果显示——经理能真诚地对我们说你好、谢谢和请，这个结果和威奇托州州立大学巴顿商学院的院长拉尔德·格雷厄姆之前所做的调查结果不谋而合。为了找出高效工作最有效的方式，拉尔德·格雷厄姆对办公室和保健部门的员工进行了调查。他在调查报告中说道：

"很有趣，员工们所说的最能鼓舞他们的奖励方式不用花一分钱，这些方式包括了领导的亲笔信、当众的认可以及鼓舞士气的庆功会，然而许多人在这方面做得并不够好。"

19. 事由明确

你肯定的事由越明确，效果就越好。告诉同仁他所完成的工作好在哪里，而不要只说一句"做得好"。例如："你做得真的很棒，成本控制在预算之内，同时比进度提早了6天完成，同时，你使得每一位和你一起工作的同仁成为合作无间的团队，我真的很欣赏你所做的努力及产生的结果。"当你肯定时讲得很清楚，被肯定的人才能精确地知道未来可以重复怎么样的正面行为，形成良性循环。

20. 稍纵即逝

事物都是在运动变化的，要做好一件事必须要掌握好时机，随着时间的消逝，肯定和激励的效果肯定会大打折扣，所以对同仁的激励也要把握好时机，及时肯定。思考一下，如果几个月前就有良好表现的同仁最近才获得肯定和赞美，他会有什么感觉，这样做不但会失去赞美的意义，而且还会让人怀疑你是否另有企图。最高等级的金牌准则就是——在员工有正面表现后，尽快且及时给予鼓励。

【案例】

在圣地亚哥市政府的社会服务部，有一个负责员工训练的训练组，这个组的日裔组长玉士刚接任时发现，在这个组里，不仅员工的士气低落，团队也没有什么凝聚力。

于是，玉士在每一次部门会议的开始都会先念一些信件，内容都是在赞扬整个组或者其中的某个人。而在会议的过程中，她还会临时起意地给予员工及时的奖励。比如，她会拿张便条纸，写上"昨天的会议，你实在是表现太好了"！并说明昨天的那场会议有多么重要。在会议结束后，她会把便条纸贴在员工的门上。

尽管这些奖励不是免费的就是只花费一点点钱，但员工却很受这些肯定的鼓舞，他们奋力工作，以期得奖。玉士在接任后没几个月，员工的工作士气就变得高昂起来，大家每天精力充沛，荣誉感与团队的凝聚力直线上升，使得整个市政府的所有员工都对他们刮目相看。

21. 论功行赏

在一个团队活动中，一定会有工作卖力的人，也一定会有free rider（不劳而获的人）。因此，在我们给予团队肯定的同时，也需要针对有特殊贡献的同仁给予个别肯定。这样才能既不冷落表现较佳的同仁，又给予表现欠佳的同仁以鞭策。

【案例】

印度钻石大亨多拉基亚和他的三个兄弟在印度西部吉拉特邦首府苏拉特市经营一家生产和出口钻石的公司（Hari Krishna Exports），年营业额达6000亿印度卢比，产品销往75国，员工总数达5500人。多拉基亚日前宣布将赠送员工1260辆汽车、400间公寓和56盒珠宝以感谢过去5年有杰出表现和奉献精神的员工，他表示："我们的目标是，未来5年每个有突出贡献的员工都要有房子和车子，所以我们决定赠送汽车、房子和珠宝给员工。"

22. 追根究底

当有人给你肯定时，试着找出得到认同背后的原因，这不仅有助于你了解自身优势，也能够帮助你更好地展示你的优势和特长。

23. 过与不及

确定你给予肯定的方式与被肯定的行为相称。拍拍对方背部这种简单的鼓励方式对一年全勤的同仁来说是非常适合的，但同样的肯定方式对挽救公司所面临的重大危机的同仁来说，这远远无法让他们感到自身的价值。因此，在肯定别人之前，对肯定方式的良好判断，是十分重要的。

24. 直捣黄龙

这里有另一项值得你存入银行金库的宝贵资料——老板们需要也想要听赞美的话。虽然我们会认为，赞美老板，似乎是经理及主管应该做的事儿，但是对于一位领导而言，最激励人心的，莫过于来自基层同仁的赞美。

二、投桃报李

25. 休戚与共

当一位同仁表现好或者有贡献时，公司的每一个人其实都或多或少得到了益处，或是奖金的提高，或是减轻了负担。不要吝于说赞美的话，试着表现出你的感激之情，想想上一次肯定你的同事是什么时候，如果已经记不清了，那么就从这一秒钟开始吧！

26. 中坚干部

对能干的同仁给予适当的肯定，让他们看到发展机会，这是激励有能力的同仁的一个有效方法。对那些日日夜夜稳扎稳打地辛勤工作、让公司能正常运营的"中坚干部"，必须赏罚分明，他们代表了支撑公司的最大的一股力量。譬如，可以对那些表现特别好的同仁，同时分别给予"超级巨星"的称号。

【案例】

没有几个领袖能比拿破仑更清楚肯定和地位的价值了，也没有人比他更能明了人类对于这种极具诱惑力的东西的渴望是多么迫切了。

为了使那些拥护他的人都能牢固地团结在他新创的帝位之下，拿破仑对赏赐毫不吝惜，创立并封赐了许多崇高的头衔和荣誉。他炮制了一种勋章，并且立刻将1500个以上的十字勋章授予他的臣民；他重新启用了法兰西陆军上将的官衔，将这一高位封赠给了18位将领；同时给优异的士兵授予"大军"的光荣头衔。很多头衔尽管是虚设的，但它们仍然具有非常特殊的功效。

27. 多重变化

一成不变的肯定方式总会令人厌倦，其实，花一点儿钱，再附带付出一点儿时间、精力与关心，你就可以设计出更多的花样来肯定和奖励员工，任何的管理者都可以为员工提供独特而有意义的奖励办法。例如，口头上说声"干得好"、为员工提供书面嘉奖、奖品、额外的奖金等，这样既可以让受到肯定的人多一分期待，也可以让肯定的人多一分热爱。

28. 引用外援

引用外援其实就是有效地与他人分享员工的成绩和荣耀，在分享的过程中，让员工感受到自身的价值和存在感以及来自团队、家人的赞赏，从而更加激发他的潜能和智慧，更好地奉献自己的光和热；同时也能调动团队其他员工的工作热情和干劲，也会获得家人对他的理解与支持。

如史坦利杯——美式冰上曲棍球冠军得到的奖杯。每位得到这项殊荣的冠军球员，可以拥有奖杯两天的时间，"好好展现"给亲朋好友看，并和家乡的球迷一起庆祝。想象该如何复制这种仪式的力量，也让你的团队士气高昂，乐于贡献自己以得到奖杯。

29. 幕后英雄

每一位为公司做出贡献的同仁都应该被赞美。赞美负责应收账款的同仁，因为他增进了公司和付款较慢客户间的关系；赞美公司的接待人员，因为他让来访的厂商感到宾至如归。

30. 奖品

提供实用的奖品给予有杰出表现的同仁，让受奖人有多重选择的机会。因为并不是每个得到美式足球门票的同仁都会很感激你，就像有些害羞的员工，宁死也不会穿上印有卡通图案的圆领衫。所以让受到肯定的同仁有机会选择奖品，是最好的解决方式。

31. 查明真相

在给予肯定之前，查清楚这个人是否真的值得赞美。

不劳而获的肯定会让清楚事情真相的同仁打消积极性，也会助长不劳而获的风气。

32. 把握良机

在适当的时机提名值得被肯定的候选人，用正式肯定或奖励的方式去鼓励你公司的同仁。然而，采用正式奖励的方式只是所有肯定方式中的冰山一角，即使你未采用公司的正式计划，理论上也还有其他数百种方式供你去选择。如果你继续读下去，即可在剩下的148条中找到更多实用的好方法。

33. 排定时程

在你的日历或行事历表格中，每隔一个固定的时段就写下"肯定"这两个字（比如每个星期五的事项里有"肯定"），让"肯定"这两个字提醒你很快想起要肯定和称赞同仁这件事。然后，积极寻找要肯定和称赞的同仁，一旦发现有值得正面表扬的人就去感谢他们。相信我，下点儿功夫找找看，总有人值得你去肯定和称赞。

34. 分层负责

你是否有考察和评估其他主管们的工作，如果有，考虑把"肯定员工"这一项作为评估他们工作的重点。在训练课程及成效检讨会议中讨论"员工们需要你的欣赏"这个话题，还记得吗？人们倾向在定期检视行程时去做领导期望的事。

员工们需要你的欣赏，当列入议题并讨论完以后，就会发现许多员工想要被欣赏的方式，这时候在每一个部门中定下这个主题并用员工喜欢被欣赏的方式去对待他，会让整体的工作效率大幅度提升。

35. 掌握脉动

随时了解和掌握同仁的动态，包括他们在工作中的细节和工作氛围，甚至自动离职的原因都应深入了解、调查清楚。

细节决定成败，许多公司都忽略了员工离职的原因。我们可以安排一位常常跟同仁们打得火热的人力资源部的主管或者是同仁。尽量把每一个人员的资料都详细记录清楚，这样在关键的时候，就可以用提点或其他更好的方式，来表达对员工离职原因的关注。当离职的员工知道这些年来我们人力资源部门，已建立他的档案并随时关心他，会有以下两个方面的帮助。第一方面，原本想离职的念头就降低了，会更愿意继续留任为公司服务；第二方面，如果他真的想离职，我们也能够追究出到底是哪些原因造成他的离职。是和主管不和，工作达不到他冲刺的目标，还是因为员工的培训不够使他的能力无法提升。

先掌握人的脉动，在人力资产上掌握主动，其他方面的指标，相对都有提高的空间。

36. 养成习惯

习惯是一种透过潜意识做出的行为，人是一种习惯性的动物，只要重复一个动作很多次，就会养成习惯。培养自己养成一种称赞他人的好习惯：要求自己每天至少发现一个同仁好的表现，适时地称赞他们，一段时间后自然就会养成注意同仁们优点的习惯。

37. 将心比心

大多数的人只会考虑到自己接收到的感觉，或者思考与他们同一角度、同一阵线的人的举动的含义，很少有人能体会到来自你的好意，他们只会从自己的角度和观点来判断和思考他们是否得到肯定。所以你不能一厢情愿从自己的角度出发肯定同仁，要站在他们的立场思考你该如何肯定对方，从而激发他们的积极性和主动性。

三、好事传千里

38. 媒介效果

让自己变成一个肯定别人的催化剂。在工作中一旦发现有值得肯定的同仁，用自己的方式将这项信息传递到资深经理人耳中，并告诉其主管关于他的优秀事迹。这样的做法既能使资深经理人和主管肯定及珍惜公司中有这样一位有价值的同仁的存在，也能使这位同仁感激得到公司大人物的肯定，进而更乐于为公司奉献自己。

39. 颁发证书

从文具用品店购置一些空白的证书，为公司做出杰出贡献的同仁制定专属他们的证书，配上他们的个人照片或和领导的合照，以肯定和表彰他们对于公司的奉献和付出，把每一张证书与照片一起装裱起来，使得这份肯定显得更为正式和独特。

40. 锦上添花

对于在工作中有特别贡献的公司同仁，可以利用特别的贴纸或别针制品让同仁装饰在帽子上，抑或运用特制的金色头饰品让同仁戴在头上，充分利用同仁们颈子以上的部位展示自我。

41. 借力使力

肯定同仁的工作既可以在正式的场合中，也可以在很多非正式场合中表达，例如在客户面前肯定你的同仁。如果近期有客户造访公司，不妨好好利用客户到访的机会来肯定团队中的某位成员，安排他接待客户，回答客户的问题，让他有充分展现自己的机会，甚至邀请他一同参加午宴。在客户面前肯定同仁的表现，会让同仁觉得你是真正地在欣赏他。

【案例】

萨利·布朗普敦在一家名叫丹尼和詹肯斯的中等规模的印刷公司的财务部工作。他迅速传递意见、精确而礼貌地应答电话的表现给一个大客户留下了深刻的印象。这个客户甚至在和公司达成一笔交易后说："我喜欢和你们打交道，有一部分原因是因为你们公司负责和我们联系的财务部的人非常友善且有效率。"

随后，公司的执行董事长大卫·史密斯找来了财务部代表萨利·布朗普敦，将其介绍给这位大客户，史密斯对这位大客户说："这位就是我们财务部的负责人，我们有幸长期和你这样的客户打交道全靠他们的功劳，今后我们所有的交易都会委托财务部打理。"转而又对布朗普敦说："今后这位客户就交给你了，也只有由你们来接待这样重量级的客户我才放心。"

42. 非你莫属

每隔一小段时间，在你知道员工有特殊功绩之前肯定他们。走上去和这位员工说："我知道本周你将完成一件值得肯定的事，你知道是什么事吗？"

43. 头条机会

将员工们的事迹写在报刊上。把员工们有趣的小故事及团体中某些人的成就写在公司的内刊或地方报纸上，作为一个特别的肯定和褒奖方式，而且这可能只需要你拨通电话即可做到。

44. 双赢投资

创造一个空间去肯定那些持续表现优良的单位或团队。可以考虑买一些健身器材（例如跑步机、健身脚踏车……）和一个小型可携带式蓝牙音响，或爵士音乐盒，放在工作场所没利用到的空间，营造一个减压和健康生活的环境给予你的同事，这对于企业来说肯定是一个双赢的投资。

45.预约肯定

预约好给予肯定的时间，例如：问问你的同事"明天什么时间方便，可以给你一些正面的回馈"这种"电影预告片"方式的告知，可以提升员工的期待和整天的士气，更加强了肯定的效果，给予同仁多一些的期待，也凸显你对他们的尊重。

46.推销员工

紧提住每一个机会，将你工作团队的成员介绍给客户、访客、代理商、士绅名流……传达给同仁的信息会是"你很重要……你值得别人认识"，这会产生连续肯定的双重效果。"介绍"或许是你能给予同仁最有效又不用成本的肯定方式。

47.微信留言

别让公事、外务或太忙，成为你不给予值得嘉勉同仁肯定的借口，利用现代化的信息工具：微信、QQ等的方式语音留言或者文字留言，都能让你撇开这些借口。

48.以你为荣

告诉某一位同仁你有多骄傲，和他们一起工作、有他成为你的老板或当他们的主管等。

49.公布结果

利用图像、表格及海报，视觉呈现表现好的团体，将这些视觉肯定放在每个人都看得到的地方，并确定所张贴出去的东西，囊括每一个团队成员的名字。

50.大鸣大放

在所有职员或团队参与的会议中，鼓励每位参与者自信地表达自己对客户、公司文化以及公司盈余数字的贡献，让有正面表现的同仁有展示自己，得到同事们认同的机会。

51. 助其成长

帮助员工提升公司经营（成功财务操作）的能力，指导他们如何做到"商业中的商业"，帮助其更好地成长是一个企业必不可少的留人秘籍，这不仅仅显示这位同仁是团队中的重要成员，同时协助他建立一些未来对组织有益的工作技能。

52. 分享资讯

另一个未充分利用的激励策略，就是分享非机密性的资讯——特别是组织过去表现的资料。所以，去找到你想肯定的同仁，交给他一份公司最近的报表复印件、摘要或任何其他相关资料，并且说："你持续在工作上证明自己是我们团队中的重要成员，特别将你加入可以阅览这些重大资讯的名单中，好让你掌握公司近况、未来运营及发展方向。"

53. 寄表扬信

告诉同仁的家庭成员，寄一封信或一张感谢卡片到你需要肯定同仁的家里，描述他的表现，以及对公司重大的正面影响，并以"公司以×××为傲，你也应该与有荣焉"作为结语。

54. 寄奖励品

当我们以家庭为主题时，为什么不感谢同仁的家庭成员呢？寄一张短笺、卡片，附上一束花或精致的饼干礼盒，内容介绍同仁的成就，并感谢家属的默默支持与奉献。家庭成员在成功的工作上扮演很重要的角色。

55. 分享美食

请他们吃蛋糕，不是开玩笑的，带些食物到工作场所，是展现你感激他们一个很棒的方法。无论你是团队的一员，买个面包当大家的早餐；或是一位主管，请部门同事吃披萨，都很不错。肯定这条路，要靠填饱肚子才能继续走下去。

56. 为其喝彩

如果你肯定的人喜欢公开赞美，在下一次公开集会时，对他行一个全场起立的大声喝彩，这是一个很特别、让人印象深刻，并且很罕见的肯定方式。

就像在大型的音乐会、舞台剧谢幕的时候，观众全场起立鼓掌就是对演员们最大的肯定。

本人在首都剧场欣赏的一场北京人民艺术剧院老戏骨的演出，濮存昕先生在这场演出中是年轻一辈的演员，看到年过八十的老艺术家中气十足、入木三分的精湛演出，谢幕时全场叫好，掌声持续了好几分钟，该剧荟萃了蓝天野、朱旭、朱琳、郑榕、吕中、徐秀林等平均年龄超过八十岁的老艺术家，刚好这场也是这群艺术大家们的收官之作，是剧场送给演员们最高的敬意。

四、发挥创意

57. 气球盛宴

在你要肯定之人的工作场所，准备迎接他的气球盛宴，或送他一大串的气球。这些气球上印上他的名字，以及你送给他的话语，也可以加一些可爱的小图，让他眼前一亮，永生难忘。

58. 眼前一亮

寄封电子邮件给你要赞美的人，并抄送给每位同仁。

将员工的业绩以PPT图文并茂的方式呈现出来。最好是在被肯定的同仁没有预期的情况下，公司年度会议、员工表彰大会这样的场合最适合。曾有一位公司在颁发年度最佳业务人员时，打印这位同仁一年来各地出差飞行一百多趟机票的登机牌以及数十趟火车票的报销单据，这样不仅肯定了这位同仁辛勤的工作，同时给所有的同事们树立了一个良好的榜样。

59. 教学相长

借由请表现好的同仁成为讲师及导师的方式来肯定他。换句话说，因为认同他的能力及成就，最终请他将其专长，教授及训练其他同仁。

60. 邀请嘉宾

邀请一位贵宾（资深经营阶层、主要客户、地方政要等）来参观"这个地区最棒的团队"。

嘉宾不受限制，比如说是跟我们公司相关产业，高校相关科系的学生，邀请他们来，具有指标作用，让他们觉得未来毕业以后，能够来到这么一个颇具规模又好的公司上班是不错的选择，同时也解决了我们人才的问题。

同时我们也可以邀请一些客户来参观，当客户来参观的时候，我们就可以设定一些路线，展示新的产品，对客户有什么好处？在我们现有存量的客户中，经常有增加销售的可能性。因为我们很多的信息，客户不一定能及时了解，在客户直观地参观体验之后，对公司会有更进一步的了解，老客户再下单的机会随之大幅度提升。

61.嘉惠同仁

以某位同仁值得肯定的名义，添购一项增进工作效率的产品，嘉惠每一位员工。"因为我们的企划工程师×××及他在某某企划案上节省了成本，使我们能够为企划部购买一台新的打印机，这台新的机器，会让所有人的工作更轻松，这一切都要感谢×××"。

62.分身有术

指派或带你的同仁参加一个正式的会议，当他们回来时，要求这位同仁替整个工作团队，作一个非正式的PPT简报，这位参加会议的人，有机会代表公司参加会议，让身为主管的你有余裕处理其他工作，同时，还可以借着"散播学习"的简报机会，让公司同仁接触外部资讯，增加参与这次会议的投资报酬率。

63. LEG原则

肯定时，可采用LEG原则——

看着他们的眼睛（Look them in the eye）。

解释他们哪里做得特别好（Explain specifically what they did well）。

对他们大声地说声"谢谢你"！（Give them a great big "Thank you"！）

64. 重要日子

协助其他同仁，增进对周遭环境的认知能力，进而建立自我肯定及肯定他人的机制——展示一个有着重要日期的大日历，上面写着员工就职纪念日、生日、个人特殊功绩发生的日期等值得肯定的事。

65. 睹物思"进"

给予同仁印有手绘图案或命有自己姓名的水杯，作为肯定的小奖品。这很实用，而且每当他拿起杯子时，就会想到这是认真工作所得到的奖赏，这样的肯定可以持续很久。

66. 口耳相传

将同事的好表现"告诉"别人。当你看到同仁做了值得肯定的事，尽你的力量让他的正面表现可以得到赞美——告诉老板！主管们不可能无所不在，并看到每一天所发生的事，他们会感激你观察到其他同仁有好的表现；但如果你就是主管，务必让他们都知道，你希望大家告诉你每个人的好表现。

67. 别出心裁

给值得肯定的同仁一个"谢谢你"（短笺、信、电话或任何其他特别的东西）。这个方法可以应用于整个团队、内部客户群、客人或老板的老板。

68. 趁热打铁

在随手可以拿到的地方，持续不断地提供"感谢卡"，好让你打铁趁热，在好的表现发生后，能在第一时间去肯定同仁。设立个人目标，在未来12个月中，尽可能多多发出感谢卡片，给值得肯定的同仁。

69. 预先庆祝

公司若有特殊的商业目标，可预先激励所负责的团队，将产生很有趣的化学效应。例如：你可以针对达到年度销售目标这个主题，安排一个晚宴，预先替这个团队庆祝，你会很惊讶地发现，接下来团队成员会像打了强心针般，充满激情、同心协力，充分发挥团体战斗力，大大地提升达成目标的机会。

五、良药不苦口

70. 霍桑效应

邀请其他人将你的团队作为他们的"标杆儿"。很少会有比成为其他专业部门研究的对象，让其他单位或同仁学习你们团体的优点，有更强大的肯定力量，这也是经济学所谓的"霍桑效应"。

这么做，同时会有两个附加的好处：① 提升同仁的自尊；② 让其他部门可以从你们的经验中获得宝贵的经验。

71. 与时俱进

考虑给日历、个人资料处理器、计划管理软件，当作肯定的礼物。你将会帮助这位同仁提升未来的工作效率，为客户提供更优质的服务。

72. 双重分享

用同样一件事双重肯定你的同仁，就像去便利商店买一份爆米花，不但可以享受玉米爆出的香味，还可以尝到可口的零食。因工作表现好而获得的鼓励，一则在工作时和其他同仁分享；二则回家后和家人分享。当这个人得到了双重肯定，工作表现必将越来越好。事实上，这样的一次鼓励，却有着十倍甚至百倍的成效。

73. 角色互换

再没有比彼此交换角色（做做他的工作）更能深入了解，并感激原本担任那份工作的同仁。看看别人的工作世界是什么样子，你会建立起感同身受及信任的感觉，你会因了解那些人每天的日常作息，而做出正确的传递。这就叫作肯定。

74. 锦上添花

工作的地方有配挂铭牌及徽章吗？如果有（公司允许的话），可以在徽章上加小别针或贴纸去肯定你的同仁。这样可以让肯定达到一个新的境界，你会发现这位受褒扬的员工，将爱上"身份证件"上这些肯定他的小玩意儿。

75. 通体舒畅

给他们"通体舒畅的东西"——一张新的椅子、一个咖啡冲泡器、一台ipod，或提供增进同仁特殊工作空间方便的东西。可能的话，让这些东西成为被肯定同仁的私有财产，当他们调部门、升迁或退休时可以带走。

76. 外出用餐

皇帝不差饿兵——带你要肯定的人，外出吃顿午餐。不仅可以加深感情，同时也可以听取一下他及他了解的同事对管理团队的建议和想法。

77. 就地取材

不要害怕给他们一个特殊的奖赏。在Foxboro这家早期以研究高度精密科技赖以生存的公司，一天傍晚，一名科学家拿着一个刚研究出来的新产品，匆忙地前往董事长办公室。那个新研发出来的产品是公司在岌岌可危的处境中，能存活下来最需要的发明。董事长看着这个救星，半天说不出话来，发呆地想着要如何奖赏这位科学家。董事长坐在椅子上弯下身来，翻遍了桌子的抽屉，终于在桌上找到了一样东西说："在这里！"他手上拿着的是一根香蕉——那是在桌上他唯一随手可得，马上可以给人的奖品。从那时候起，就地取材的香蕉制作成"香蕉形状"的金饰品，成为Foxboro公司，在科技成就上最高荣誉的奖赏。

78. 野餐风暴

别等到公司一年一度所举办的野餐，才让大家聚在一起。机动性组织一个小型、非正式的野餐，每个人在聚餐中可分享一些肯定团队所做的努力，及激励团队士气的方法。

79. 感谢礼盒

若欲肯定地方经销商，可以订购一份和送顾客一样包装的糖果（饼干）礼盒，上面写着"谢谢贵经销商的业绩，总是在平均销售水平以上，并远远超出公司所订的目标"。礼盒相当独特又不需太多费用——对于肯定那些每天都有小贡献，值得某种形式认同的人，是一个很棒的方式。在确定这个方法令人满意后，可以考虑将包装纸上嘉勉的话，拆下来贴在布告栏上，让每个人都看得到。

80. 文字嘉勉

在非正式书面沟通时，可以额外、特别加些异常夸大的言词，去肯定那些有特殊表现及"杰出"的人。

81. 肯定周报

每隔一段时间，请你工作团队的人，推荐值得肯定的同事们，并以小故事的形式，展现被肯定同仁有趣、独特、有创意的一面，以书信、电子邮件、微信朋友圈的形式，制作一份肯定周报，并将周报传给每一位同仁及相关客户。

82. 广纳雅言

以问同仁们在想什么为由头，询问并了解团队成员对团队工作、团队发展方向等各个方面的想法与建议，并对同仁们所做的努力做出肯定。这样的做法会让同仁觉得自己很有价值。

83. 电子卡片

你想肯定的同仁有没有使用网络？如果有，寄一张电子卡片给他！有相当多的网站提供这项免费的服务，而如果这位同仁在家"正在上网"，可考虑将电子卡片寄到他家的网址。这样的方式，在他看到这段似曾相识的话"You're got a mail"（知名美国女星梅格莱恩主演电影《电子情书》的片名），又进去查看卡片时，会有令人意想不到的惊讶表情！

84. 吐槽大会

让员工的不满，尽情地发泄出来。

【案例】

带你同事出去喝一杯

加拿大皇家银行的高层主管，每隔几个星期就会举办一个"吐槽"大会，让员工在这个场合中，将心中的不满倾诉出来。因为是非正式场合，所以大大降低了同事间的摩擦，也因此能让一些因同仁间不合，所造成政策推动上的障碍，大幅度减少。皇家银行吐槽的场所多半选在酒吧，这大概是利用同仁们酒酣耳热之际，更容易畅所欲言的原则，也正应验"酒后吐真言"这句中国俗语的真谛。

85. 周年纪念

记录并为同仁加入团队的那一天庆祝。试想，如果你收到一封留言写着："嗨！小张，我猜你大概忘了，三年前的今天，你来公司报到，那是我无法忘记的一天，因为那一天，我迎来了将对公司有许多贡献，同时也是团队中的重要一员，谢谢你。"你会是什么感觉？

86. 敞开大门

若你是一位主管或是经理，就需要有一个真正"敞开大门"的政策——让下属有机会和你讨论他们的问题及想法。讨论的内容并不重要，重要的是倾听，倾听同仁的想法，给同仁机会表达，让同仁意识到，"我很重要"。

87. 各抒己见

一年订出两三次"未排在议程内"的会议，只安排这样的主题：嘿！你心里在想什么？同仁可在这个会议上陈述各自关心的事。而且，你所鼓励的沟通方式，会带领整个部门成为一个高度信任的工作环境。

88. 双喜临门

当下一次有一位值得褒奖的同仁被公开表扬，或者他的事迹在报刊上被登出来时，记得寄一张恭贺的短笺给他。

这是心理学上一个很有意思的小窍门。如果一位愿意上报刊杂志的人，不想让别人知晓的概率比较少。通常已经上了报刊的这个人，如果再收到一份，你寄去的短笺，恭喜他上了报刊，同时把当初他被采访中最关键的重点写在短笺上，我相信，他一定会相当开心的，试试看吧！

89. 培植信心

务必要肯定那些曾贡献心力、达到被肯定条件的同仁，杰出的领导者都会有一套他们自己建立、培养同仁自信心的模式。若同仁们对自己有信心，那他们完成工作的能力会是相当惊人的。

90. 相片日记

还记得李立群先生拍过的一部广告——让Konica为你写日记吗？就利用这个概念，手边随时都放一部数码照相机手机也可以，以便随时记录特别的事件或有特别贡献的同仁，把这些相片洗出来张贴在全体员工都可以看得到的地方，张贴一段时间拿下来后，将照片放入相册簿中，让大家日后可以继续欣赏。

91. 借题发挥

借由说些正面、能凝聚向心力的故事，去肯定你的同仁。下次会议开始时，可以说些：“让我来告诉大家，这次小阳及小泽挽救了×××公司，我们公司最大的客户……”这样的小故事。

【案例】

艾美是一家致力于服务高端消费人群的健康管理公司。在艾美创业初期，曾经遇到一位大客户，这位客户希望能够找到一家有实力的健康管理公司，为她长期做个人健康管理。当时的艾美正当初创伊始，资金入不敷出，已然是捉襟见肘，如果能够和这个大客户达成合作，那么就能够让公司渡过这个难关。艾美的健康管理师小阳和小泽知道这个情况后，决心为公司拿下这个大单。于是他们俩费尽苦心，搜集了大量客户的资料，连续一个星期，从晨雾蒙蒙到万籁俱寂，加班加点对客户进行资料分析，最终为客户量身打造了一整套共96万元的全年健康管理计划。当客户被邀约到店中，看着近半米高的分析资料，长达四十页详尽的全年健康管理方案，小阳、小泽因连续的熬夜而充满血丝的眼睛，客户被打动了，最终与艾美签下了80万元的大单，也解决了公司的燃眉之急。后来，艾美的创始人吴总在季度会议上，便向全体员工讲述了小阳和小泽的故事，高度肯定两位的同时，也鞭策了其他的员工。同时，吴总也请人将小阳和小泽的故事编写在了员工入职手册上，供新员工学习。

92. 纠正性反馈

当一些表现差、工作未能符合公司标准的同仁未被指正时，相对的就是侮辱了那些表现优良的员工。这里有一个我们经常忽略，但又能很好地肯定有良好表现的同仁的方法：把这些表现差的同仁记下来，给予纠正性反馈。

93. 唯才是用

尽你所能，指派给表现好的同仁特别任务或帮助他们升迁，不仅他们会感激这样的肯定方式，你也会因此积累自己的信誉，让整个部门的人都知道：不管什么层次的人，只要肯努力、肯下功夫，你都会愿意去培养和提携。这样的做法可以使最棒、最聪明的人才投效于你的麾下。

94. 沉默是金

当你用尽所有的方法都失败时，请闭上你的嘴巴！真的，让其他同仁讲出他们的心声（陈述问题、发表意见等），总比你在那儿独自发牢骚来得好。事实上，闭嘴让别人讲，这也是肯定的一种方式。

95. 替身出马

如果你是一位主管，可以请你团队的同仁帮你参加你不能到场的会议，来肯定他的能力。他们会珍惜你对他们的肯定，并认真去了解所要参加的会议真正进行了哪些议程、对公司有什么作用和意义。再一次仔细地想想，是不是心中已有人选，准备派一位同仁去替你开会了呢？

96. 给予协助

告诉你的同事，在工作进度落后时，他们可以找你帮忙。当他们真的找上你，就协助他们。

主动给予协助，常会有意想不到的效果。由基层上来的领导，最容易理解下属工作的轨迹，事情发展到什么阶段，多半在掌握之中，在适当的时机，主动给予协助会有两个正面效果，一是让下属觉得你料事如神，也树立了好榜样；二是让公司养成主动协助其他同仁的氛围。

97. 部分授权

学会放手让同仁们负责某些事情，部分授权（真正的授权）是肯定员工的很棒的一种方法。例如让表现好的同仁主持一场会议、操控一些设备或是"拥有"一间属于自己的房间……同时也要设定一些评价的标准，但一定确保他们对于这部分负责的内容有绝对的自主权，让他们明白这部分涉及额外的工作是一种奖赏而非惩罚。

98. 某某专家

当同仁能用行动证明自己有什么成就时，任命他们为公司的"××专家"，把他们的名字张贴出来，并标明他们分别是精通哪方面的专家。当其他人有困难需要帮助时，就可以建议他们去找公司的"专家们"。给公司的每一个人设定一个目标，让他们每一个人都能有第二专长，成为公司某方面的"专家"。

99. 植树纪念

可以在公司所属的范围内，以表现非常好的同仁名义种植一棵树，肯定和纪念他对公司所做出的贡献。植树这种行为，既肯定值得表扬的同仁，同时对新进的员工又有很好的激励效果。人力资源的同仁在新人上岗前的培训时，等着新人们到植树的所在地一一介绍每棵树，表扬的同仁以及所做的优秀业绩。在耳濡目染下，新进同事很快就会进入正能量的企业文化中，让好的事情不断地发生，让企业的光荣传统不断地发扬光大。

六、无所不用其极

100. 出其不意

有一种非传统鼓励同仁的方法，就是专门给公司同仁传真一张写上肯定话语的纸，这样容易给他人制造出一种深刻的印象，特别是当这位同事的座位正巧在你隔壁的时候。

101. 徽章奖励

以你要肯定同仁的名义，命名某些东西——附上刻有名字，并正式落款"××制"的徽章，将会是一个既有趣又强有力的肯定方式。若能安排颁赠的仪式，效果会更棒。

102. 珍重再见

如果你现在需要肯定一个有特殊贡献又即将调职的同仁，那么，你可以私底下悄悄地去进行，可以做些唤起他在工作场所回忆的剪贴簿、请团队为他写词谱曲，并唱给他听或录制一个珍重再见的视频，让每个人说出怀念他的感言，表达"你令全体同仁怀念"的意境。

103. 杂志订阅

以订阅他所想阅读的杂志，作为肯定他的方式（金额在特定的范围之内），这样的感激方式所花的成本小，又能增加这位同仁相关的专业知识，算是双赢的策略。

104. 调整作息

让这位同仁掌握自己的时间表——让表现好的员工，能自行调整午休时间来肯定他（在工作不被耽搁的前提下），根据个人的意愿及需求调整休息时间，是很珍贵的附加肯定方式。当我们进行这个主题时，考虑给予要肯定的同仁"时间"这项礼物。

接下来的时间就能让受肯定者得到宝贵的"时间"。

105. 团购一份家居保养服务赠送同事

【案例】

在一家做女性用品的公司里，他们的销售人员多为已婚女性。公司为了促进销量，鼓励销售人员多多开单，同时也是为了体现公司对销售人员的关怀，体谅她们因忙碌而无暇顾及的家庭劳动。每个月，公司都会团购一份家居保养服务赠送给销售部的同事。不论市场行情的好坏，这份服务总会按时送到员工的家中，为员工分担了家庭的负担，保障了员工家庭的生活质量，也让员工能够更专心地投入工作当中，员工无后顾之忧，公司效益也节节攀升。

106. 赠爱车全套养护

【案例】

一家好的公司，除了需要优秀的领导和辛勤付出的员工，作为中坚力量的管理层对公司的发展起着至关重要的作用。他们中有很大一部分人每天会驾驶爱车上下班，或驾车奔走于客户之间，对车的使用频率颇高。一家传媒公司的老板在一次坐业务部同仁车去与客户洽谈业务的途中，发现车身很脏，车内也乱糟糟的，通过交谈发现，同仁们忙起来压根没有时间去打理自己的车，难得的休息时光，他们更愿意窝在家中好好休息。老板在回到公司后，在公司旁为管理层的同仁订购了定期的全套爱车护养服务，让他们的爱车时刻能保持干净整洁的状态，既能让要洽谈的客户感受到该公司认真的态度，又让公司同仁心里暖暖的。当同仁上班是开着锃亮的车，一天的心情也很愉悦，更愿意为公司竭尽全力地打拼下去。

107. 赠送一次免费加油的机会

【案例】

作为公司的销售人员，他们几乎每天都需要对外联络客户，一周七天能有四天在外面跑客户，但实际上并不是每个人都愿意奉献私家车用于工作。一家公司的销售总监就发现，部门业务员宁可乘坐公共交通工具外出跑业务，都不愿意自驾车，但这样做实际上花费了更多的时间往返于客户和公司之间，同时每周又至少需要一天回到公司整理报销票据。几番思索后，这位销售总监跟公司提议，如果业务员愿意自驾车外出跑业务，每达成一定的业务量即可获赠一次免费加油的机会。落地试行后，公司财务发现公司实际支出跟之前的做法几乎持平，但销售员可以节约途上花费的时间和精力，更专注于服务客户，提高了工作的效率，为公司带来了更好的效益。

108. 赠送一次外出旅游的机会

【案例】

一家好的公司不一定有完备的人文关怀制度，但对员工做到充分关怀的公司一定能收获员工卖力地工作。工作与生活劳逸结合，张弛有度才能留得住员工。在一家刚开始创业的公司里，各个岗位的工作都十分繁杂，人少事多是起步阶段常有的状态。尽管公司第一年入不敷出，但领导者在年底时，仍决定给留在公司的每位员工赠送一次外出旅游的机会，以感谢他们在过去一年对公司的付出。其实员工的心里也都跟明镜儿似的，清楚公司是在什么样的情况下为他们提供福利，因此，在第二年，他们更加用心地工作，希望能够以一己之力为公司创造更大的财富。

109. 替员工预订一场电影或一顿美味的午餐或晚餐，让他们与家人或伴侣共享

【案例】

一位企业家在年终晚会的时候邀请了所有员工的家属一同前来参加，在晚会的间隙，他无意中听到了一位得力干将的夫人的小声抱怨，"我丈夫工作起来实在太投入了，回家之后总是无法给我和孩子足够的关心，我们家已经有一年多没有一起出去看一场电影了"。这位企业家听到后，便暗暗记了下来，等到年初开工后，他特意选择并

购买了老少皆宜的印度电影"神秘巨星"的电影票，并将看电影作为一项工作任务下达给了他的这位得力干将。当电影落幕，影片中只钟情工作而忽略了家人的父亲让他的爱将陷入沉思，而他的夫人与孩子也因影片中母女之情而感触良多，一场电影下来，一家三口的关系也因此更加紧密。同时，这位企业家在他们结婚周年的前夕，为他们在该城市最顶级的西餐厅订了位置，让他们共同度过了一个浪漫的周年纪念日。这样一来，家庭关系的紧密变相让这位员工拥有了更高的工作激情，也大大提高了他工作的效率。

当然，除了以上的例子，电影其实也可以成为团队精神的催化剂，为需要同心协力的工作团队安排一场电影，叫好又叫座，票房超过三十个亿的影片"红海行动"，可以让团队成员之间产生更多的默契，加深对团队精神的理解，也能在工作上发挥出更强的团队战斗力。

110. 赠送一些小盆栽

【案例】

良好、舒适的工作氛围能让员工更高效地工作。在这家公司里，领导者巡视一圈员工的工作环境后，当即决定购置一批可放置在桌面的绿色小盆栽赠送给每位员工，并在每份小盆栽上附上经过精心挑选的抒情小卡片，员工可以挑选自己心仪的品种和卡片。这样的做法，不仅美化了公司的环境，同时还能为员工营造一种温馨的办公氛围，缓解办公时的用眼疲劳，给他们带来舒适感和愉悦感。

111. 额外给予休假时间

【案例】

试着给予员工额外的休假时间，你会发现公司更能留住人了。有这样一家创业公司，各岗位的薪酬持平于业界平均水平，但由于公司内部工作多而重，员工往往干个半年左右就因不堪重负而离职了。新来的人事总监一上任就发布了新的规定，给予全公司女性员工额外的每月一天的生理假期，不需要任何理由即可批准该假期。并且，类似冬至、元宵节等非法定节假日，公司所有员工均可提前一小时下班。这样的做法一经实施，让公司员工倍感温暖，认为公司是一个有人情味的公司，为公司留住许多优秀的人才。

112.赠送洗衣或清洁服务

【案例】

作为一家网络科技公司，能够找到更多的优秀的程序员可谓是公司不断努力的目标。但是如何能在众多公司中脱颖而出，牢牢抓住程序员们的眼球，就让人伤透脑筋。然而，一家网络科技公司的人力资源经理，在新一年的招聘中下了一步妙棋，让公司在开年的招聘中得到一个很好的结果。

这位人力资源经理分析，程序员大多是年纪不大的小伙子，如果能够给予这些小伙子生活上的便利，那么自然就不用为招聘的事儿发愁。于是，在发布招聘信息时，他就加了这样一个福利——每一位新入职的程序员，公司都会在实习期给予每一位小伙子宿舍洗衣服务。在转正之后，只要名字能够出现在公司年度优秀员工榜单上，公司同样会给予优秀员工一整年的宿舍洗衣或清洁服务。这样的福利，让每一位员工都充满了斗志，每一位员工都怀着高涨的热情投入争取年度优秀员工的队列当中，公司自然也焕发了无限的潜力。

113. 提供相应次数的滴滴打车服务

【案例】

IT行业加班是一件很家常便饭、众所周知的事情，半夜睡觉睡得好好的，一个电话通知速来公司也是常有的事情。为了安抚员工的情绪，体贴员工，这家网络公司每月为公司IT部门同仁提供相应次数的滴滴打车服务，不管是半夜前来公司加班，抑或是通宵加完班回家休息，均可免费享用该项服务。每当IT部门加班完滴滴叫车时，总能感受到公司的关怀和温暖。

114. 分担工作服务

帮同仁处理一个他有可能搞砸的企划案，以节省他的时间或金钱，增进同事间的情感和友谊。（时间即金钱！）

【案例】

繁忙的工作当中或多或少、或大或小都有犯错的可能，作为部门的主管，如果能在同仁犯错的时候，首先协助他分担，帮助他处理一个他可能搞砸的工作，既能为他、为公司节省时间和金钱，也能让他学会感恩、小心谨慎地处理接下来的工作。当然，这种服务是有限次数，并不是无止境地帮助同仁"收拾烂摊子"。一位初入职场的同事在统计出差人员资料时，误把其中一位同事的姓名填错了，并在已经订完机票后才发现错误，他很慌张且忐忑地告诉部门主管，主管第一时间并没有指责他，而是协助他一起联系航空公司，及时修正，既快速解决了问题，又免去了因错误而可能导致的退改签费用。犯错的同事因此十分感激这位主管，在此后的职业生涯中，再也没有出现这样的错误，并在后来的职位上尽心协助新同事。

七、趣味横生

115. 卸下重担

想要找一个方法去肯定在非常艰巨的任务上，表现很杰出的同仁吗？下一次指派他一份简单的工作。要知道，若持续给他们很困难的工作，是变相惩罚表现好的员工。

116. 幽默的智慧

创造一个有趣、开玩笑、"自娱娱人"的奖项，给予表现好的同仁，找一些他们在公司曾发生过有趣的事，幽他一默。让这个奖成为你们团队的传统，并制造幽默的气氛，由你自己开始，让每个人都看到这正面的示范。

117. 感谢便笺

在大伙必经之处，放置一个里面装满卡片、随手贴便条纸、笑脸贴纸等的小便笺盒，鼓励员工经常拿一项东西，去肯定表现好的同事。如果你充分供应肯定盒内的小东西，相信每个人都会去使用它，重要的是要以身作则，从你先开始。

118. "荣誉榜"

张贴各式各样的东西——团队成员的相片、同仁教育训练之结业证书、顾客的感谢函、公司成功产品发表或正面消息的报道等。要让你的创意继续下去，一定要向你的同事多征求一些好点子。

119. 以书相赠

买一本精装版的图书《高效管理的简单法则》赠送给你的同仁，是很棒的选择。在书的衬纸上写下肯定他的话，当这位同仁每次拿起书，看到你留下的信息，都会感到心理暖暖的，全身充满智能。

120. 咖啡时间

早上泡一杯咖啡并端给你要肯定的人，在和他一起喝咖啡时，赞许他正面的表现。（例：最近进行的这个计划，你表现得非常棒，希望这杯咖啡能让你今天有个好的心情、好的开始。）

121. 趣味奖项

创造有趣的奖赏，颁给表现不一般、有特殊性意义的同仁。例如：颁发"花衬衫奖"——穿戴来自夏威夷的花衬衫，配上大大的Aloha花环，给顶尖销售员或年度最佳创意奖，当你颁出这样的奖项时，是全体上下一致认为值得庆祝的喜事！

【案例】

位于亚利桑那州凤凰城（Phoenix）的TriWest是一家拥有800名雇员的小型保健公司。

TriWest创造出了一个名为"超级之星奖励"的计划，这是主管们为了表示对员工优秀业绩的赏识而授予员工的。作为计划的一部分，董事们将"星元"优惠券授予优秀员工，这些优惠券大致相当于给每个员工40美元，获得者可以用它去买标记出的商品或兑换礼品证书。当主管们看到员工干得非常棒的时候，比如员工们帮助解决超出其职责范围的客户问题时，主管们可以当场授予员工高达50颗的星元。这样的规定是为了让主管们能够当场奖励突出的良好行为；同时，公司也会鼓励主管们，每年至少一次用这些钱来为团队的成功举行庆功会。

另外，在这家公司，有一项被称为至高荣誉的奖项——全星奖（All Stars Award），这个奖项是为了答谢员工对公司付出的杰出贡献或他们完成了超出工作说明范围的业绩而授予的。它是基于现金的激励，即允许主管们授予对企业做出主要贡献的员工高达750美元奖励。为了赢得这项奖励，员工们不得不做些真正例外的事情。比如，一名人力资源工作人员在公开登记（Open enrollment）中做了很多工作，她能得到50颗星元；但是如果一名技术员工工作到很晚，或者周末加班以确保新的电话系统装好并按时运作，他便可获得全星。这个奖项同时也授予提高了公司生产率的团队，以及授予被政府认可的在健康护理管理领域做了额外工作的部门。对于在TriWest公司工作的员工来说，赢得一颗全星是极高的荣誉。

122. 明信片

即使在现今的资讯世界，人们仍喜欢收到风景明信片，收到时他们也会很开心。所以下回因公出国时（即使去度假也无妨），丢一张明信片到邮筒中，不用写得很长、很华丽，一个简单的"小伙伴们，加油！"或是"祝咱们杰出的团队心想事成"。简单的问候，去勉励你的员工，这样就能以最小的投资，达到最大的效果。

123. 全权处理

让同仁自行设定想要的奖赏——全权委托你的团队发

展一套员工肯定计划。给同仁们一笔预算，及一些基本的衡量标准，并大力支持这个计划。你不仅会得到更多被支援、被欣赏、被肯定的点子，而且也会让参与的人提升工作效率，那真是一举数得的好方法。

124. 名副其实

让表现好的同仁"在所完成的工作后面署名"，之后附带一个×××完成这项工作的小牌子，来肯定有高品质表现的同仁。让同仁们将这项信息主动告知顾客，以便让顾客直接找到这位表现杰出的工作同仁，传递对产品或服务的感谢。

125. 意外惊喜

下次当同事因公出差时，事先打电话至同仁落脚的旅馆，确认好其入住的信息，减少他不必要的麻烦，更好的是可以要求旅馆在电子布告栏上，登出同仁的名字来欢迎他！也可以询问看看，能否在旅馆外的荧光幕（或在旅馆资讯的电视频道），播放如"欢迎×××，最佳总裁奖得主"的资讯。

126. 传递奖项

首先，找到一些对公司有意义的纪念品、填充动物玩偶、奖杯等，作为传递奖项。制定一些传递的规则，例如对表现最高分的团队颁发"猴子玩偶奖"，拥有此奖一周后再重新遴选。让每位同仁都能为这类型奖项增加附带规则，并贡献心力。

127. 高挂战袍

这里有另一项有趣的方式，去肯定即将离开的同仁。像美国职业选手一样，让他工作时有纪念性的衣服也享受"退休"荣誉（篮球天王迈克尔·乔丹，在2003年从奇才队退役后，23号球衣从此高挂在华盛顿首府的体育馆中）。贵公司为什么不能这么做呢？拿一件大家熟知这位员工所穿过的衬衫、公司制服、圆领衫或其他衣服，在这件衣服上写上他的名字，装裱之后挂在名誉公告栏上，附赠一枚价格不贵、刻上他名字的徽章，最好是存放在公司的永久所在地或者公司博物馆等。

【案例】

作为在NBA最成功的中国球员，姚明凭借他的天赋和努力，不仅成就了属于自己，属于篮球的传奇，更获得了球员生涯的终极荣誉——球衣退役仪式。火箭为姚明举办了球衣退役仪式，他的11号战袍将在火箭封存。

当现场主持人介绍姚明登场时，火箭主场观众起立欢呼。巴蒂尔作为队友代表发言，向姚明致敬。"感谢你所展现出的人性之光，感谢你的努力奋斗，感谢你在'禁区内'的统治力，"巴蒂尔说，"感谢你让所有共事过的人的工作都变得简单，教练、队友，他们都因为你变得更好。你是名人堂成员，恭喜你，你的球衣今天正式退役了，感谢你让我们成为你这段旅程中的见证者。"

球队老板亚历山大向姚基金捐款10万美元，亚历山大致辞："这对于火箭来说是一个历史上的伟大时刻。我们都知道姚明是一个很可爱的人，他有可爱的妻子、可爱的女儿，有一个可爱的家庭。他和每个人相处得都很好，对于我来说，能够给姚明这样一个巨星举办球衣退役仪式是无上的荣耀。"等姚明致辞，仪式达到最高潮，现场嘉宾和球迷都站了起来。"谢谢，谢谢火箭球迷，感谢这座城市，感谢社区里所有的人们，感谢老板亚历山大，他建造了这支球队，能让我们在一起，"姚明说，"现在是中国春节，我先祝大家万事如意。或许我还可以得到一份10天的短工合同，然后再退役。当我走进这座球馆，看到我的球衣挂在球馆上空时，我突然感到了一阵失落，因为我觉得自己的球衣都退役了，无法再签下一份10天的短工合同了。"

在大家的注视下，姚明的11号球衣在球馆高悬，在那件球衣上写有"名人堂"，球衣退役＋名人堂，姚明实至名归。在仪式结束后，火箭球员在哈登的带领下上场与姚明拥抱。哈登非常兴奋，直接跳到了姚明的怀中。不管是火箭球员，还是公牛的队员，都与姚明拥抱握手表达敬意，这是对一名伟大球员的尊重。姚明成为第七位在火箭享用球衣退役殊荣的队史名宿。

八、溢美之词

128. 金星奖

虽然这是从学校延续下来的奖项，但不要低估它的力量。你可以用纸板粘贴，也可以使用糖果金星，或用标签及大头钉做的金星。会不会有些人觉得这个奖项很老派？当然，但只有等到竞争结束，看谁得到最多"愚蠢的金色小星星"，才会发现老壶装着新酒，也别有一番滋味，到底老套不老套，试了才知道！

129. 大肆宣传

在你们的员工餐厅，或是其他大家看得到的地方，有没有电子告示板？如果有，好好利用它去肯定你的团队，安排播放一些小的恭贺语，至少大肆宣传两天，来肯定表现好的同仁。

130. 逢三成礼

实施投出三次好球，放荣誉假的策略。例如：公司同仁只要得到客户三次赞赏，就可以放半天荣誉假。

宇泽科技公司每个季度都会请前两大客户及前两大采购供应商来评比公司相关部门的同事，每位客户提出具体事迹，就给这位同仁记上一点，集满三点在下个季度可以带薪享有荣誉假半天。非相关部门同仁将由公司组成五人小组，单独评分给予点数。在实行三个季度后有两个部门的同仁发现了实质的改变，第一个是仓管部门，从主管到仓管人员都得到了荣誉奖，放假时，其他部门同仁更卖力，出货的精准度及效率都提升了，其中效率提升达18%，无形中让公司省了钱，客户满意度也大幅度提升。第二个是采购部门，因为前两大采购供应商必须提出实打实的案例，所以采购同仁们一改老爷的脾气，尊重供应商，事无巨细地将公司的流程、要求、急迫性讲解清晰，厂商交货准期率、来料品质都不断提升。还在一次全球缺料的危机中拿到关键原材料，率先生产出产品，抢占该产品的市场份额，对于许多辛勤工作的同仁，放半天假充电，反而让战斗力提升，对公司来说，运用得当，效果显著。

131. 代为行善

如果公司有支援慈善活动计划，可以将部分捐款，以你想要肯定同仁的名义捐出去；或用更好的方式，以此预算让他用自己的名字，捐到他指定的慈善机构。

132. 分享荣誉

公布"颁奖时刻"，届时领奖人亲手发奖品给"每一位同仁"。看到空手的同仁可以这么说："什么？你没拿到？那好……快去领一份！"事实上，就是让工作团队的每一个人都有"领奖"机会（人手一份），并鼓励他们，当看到任何值得肯定的事情，不要犹豫"彼此鼓励分享"，给予正面性反馈。

133. 酒国英雄

你想肯定一位钟情葡萄酒的同仁吗？可以考虑在特别的日子，当这位同仁要慰劳家庭，或办生日Party的时候，由公司付费买一瓶葡萄酒给他享用，让他有一种价值感，说不定你还会受到邀请呢！

134. 肯定徽章

给他们肯定的徽章。你所要做的，只是找到袖扣或徽章的制造商（每个约人民币88元），及一台可彩色打印的电脑，外加一点儿小小的想象空间。当然，你必须设计好，让这位同仁会很骄傲地戴上它，例如在徽章加上类似"我是超级明星"、"使尽洪荒之力"等有趣的标语。

135. 玩乐基金

可以根据KPI关键绩效指标，给予不同金额的点数作为奖励，累进的点数，最后可以兑换现金、免费午餐、休假及特别奖金等。

九、走心的奖励

136. 广告明星

表现好的同仁应该在相片里。下回公司要拍摄广告、微电影、宣传手册或促销光盘时，可以安排一个公司成员当"明星"，但要让他们知道，这是一种额外的肯定和奖励方式。

137. 圣诞老人

下次你出国商业旅行，或去参加展览会时，可以问问同事，要你带回什么东西（明信片、冰箱贴、行销手册、资料、书……）。偶尔将自己当作圣诞老人，会得到更多员工的爱戴。

138. 亲自下厨

可以用烘焙的小点心，来肯定一个人或整个团队。营造"如果得到点心，就是自己做得很好而且被肯定"。这样的工作环境，从自己的部门做起，不久就会传开了。

139. 专业高手

让员工选择自己半正式的头衔，如品质导师、客服娘娘、维修哆啦A梦、咨询魔法师等，在非正式或公司内部联络时，可用这个头衔称呼。

140. 魔法名片

为平常没有或不用名片的人准备名片，试试看，这是效果很好的一种肯定方式。考虑让他们放一个特别头衔（参考第139条）在名片上，然后就可以坐在后面看他们微笑。这些被你肯定的人，每发出一次名片，就等于再一次被肯定。

141. 订纪念日

把未来工作中的某一天设定为值得被肯定的公司同仁的专属纪念日。例如"下周四是××之日"，在这一天安排一个小型的派对，给他们颁发一张纪念证书，并要求工作团队的每一个人做些什么或说些什么来庆祝属于这个同仁的这一天。

142. 额外服务

想要鼓励或肯定你的团队接下了一个困难或压力很大的案子吗？那就找一个专业认证的按摩师傅到公司或团队的办公室来，为你的同仁们做些消除疲劳或紧张的按摩。

【案例】

欧买尬这家公司的创办人，在公司内部安排有专门的按摩室，搭配专职的按摩师，给所有特别值得肯定的员工就近放松。

用按摩来肯定辛苦的同仁，时有所闻，但在写字楼办公的场合，专设按摩师在上班时间替员工消除疲劳并不常见。这项肯定采取预约制，有紧急项目需长期加班的员工，或在一段时间内表现特别优秀的员工，都有参与到预约的名额！预约到就可以在工作中，有消除疲劳的专属按摩时间！

开办后效果特别好，不仅预约按摩的满档，而且按摩过后消除疲劳的这些同仁们工作也特别有激情，更卖力，许多的项目都能够提前完成。

143. 锦囊妙计

随身携带一本小笔记本或利用日历中特别的一页作为自己的"学习日志"，在工作中去记录如何肯定他人的好点子，既可以是你听到的、从书中读到的，也可以是你从其他人身上观察到的，也包括你向其他公司"借"来的点子。每周翻翻你的这本日志，提醒自己积极去寻觅肯定同仁努力工作及奉献的好方法。

144. 投其所好

若你翻阅报刊时看到你同事可能感兴趣的文章，那就传给他看，并且附上一张小纸条去肯定他。例如："小杰，我记得你曾提出改善我们公司时间管理的意见，从拒绝、置先、效率三方面着手。刚好，这儿有一篇文章支持你的想法。"这样的做法不仅使这个有用的资源传下去，同时你也传递出强而有力的信息：这个人所说的是很重要的资讯。

145. 市长先生

借着询问别人得到一些回应，对别人展现最大的敬意——这是肯定对方最有效的基础，同时在这个过程中你能从别人身上得到许多有帮助的意见，从而改善自己的观点和提升自己的表现。以纽约前市长ED Koch为榜样，他会定时走在纽约市的街头接触市民，并说："嗨！你好吗？我是市长ED Koch，担任市长这段期间，我表现得如何？"

146. 加强肯定

增加肯定他人的机会。例如当一个同事需要被肯定时，把一张他被肯定时的照片放大冲印出来，并加上相框，当作礼物送给他，这将是另一个额外的肯定（可参考第90条）。

（二）留住好员工：激励和赞美

十、鼓励不嫌多

147. 跟上进度

当刚度假回国的员工第一天要返回工作岗位时，向他介绍现阶段最新的活动、企划案或公司目标等内容来欢迎他回到公司，由此传达给这位同仁的信息是：你是公司重要的一分子，所以需要知道公司最近（他出国这段时间）所发生的事情。

148. 餐桌服务

让值得被肯定的员工有个难忘的餐桌服务。在同仁因公出国旅行时的晚餐上安排一些精致点心或是特别的饮料

219

（香槟、红酒等），若他们正在和客户或资深经理用餐，这样的做法会让他们对这趟旅程永志难忘。

149. 主题奖项

创造一些特别的主题奖项去颁给那些值得被奖赏的同仁。例如：帽子戏法奖——颁给那些能把竞争优先顺利处理好的人；或滴水不漏奖——颁给那些能把预算控管扎实的财务人员。

150. 美钞妙用

奖励给那些值得被肯定的同仁两美元的钞票，不要怀疑，它们仍然持续发行，大多数的银行都可以换得到。把两元美钞附上嘉勉的话语装裱好框做成一种迷你的认证书，送给你要肯定的人，这与众不同的激励是肯定与众不同员工很好的方法。

151. 秘密花园

在公司中设定一个安静的地方去肯定和你一起共事的

那个人。一个安静的地方，可以让人在工作中享受片刻纯私人的时间，那将会是上天赠予每个人从紧张工作中解脱的好地方。

152. 无声的肯定

当你负责招募新人时，从公司找几个表现比较好的员工一起参与到招募的过程中，如果可能的话，让他们负责这个特别的任务。这传达出的是一种"你是我们公司最好的成员之一，因为你知道要怎么做才能在这里成功，所以邀请你帮助公司找到像你一样棒的人才"的信息。

153. 共同作者

邀请你想肯定的优秀员工参与到编写员工训练手册的过程中，让他们成为共同作者。例如："《高效能顾客服务技巧》编者：××销售团队所有成员"，把每一位曾贡献心力的人，都列在共同创作者的名单之中。

154. 荣誉的力量

让公司的电脑技师帮你建立一个可以在荧幕上展现肯定档案的系统，因特殊表现被肯定和表扬的人的档案（包括被表扬人的照片，及团队其他人恭贺他的话）将会在公司的荧幕上展现，并把这个档案储存起来作为一种记录。

155. 点子王

以"如何让我们工作的环境变得更好"作为主题，要求团队成员给你5个好点子，然后具体努力地去执行其中之一，以便更好地改善工作环境，并让这位提出建议的同仁得到荣誉。

156. MVP奖

创造一个相当于球类比赛MVP（最有价值球员）的奖项，这个奖项的奖励为有每位团队成员签名的东西（可以真正是一个球）。每完成一件重要的案子，就由全体成员选出一位MVP，将这个奖项颁给他。

157. 交换大使

拜访其他部门，也邀请其他帮忙的人来拜访你的部门。这样做可以肯定那些被派出去的伙伴、同时也能够让其它部门的同仁更全面地了解公司各部门的职能，从而加强公司上下的凝聚力及协作力。

158. 行礼致敬

每隔一段时间，向团队中的每位同仁行一个尊敬礼，分别向他们致上最高的敬意。以敬礼的方式去肯定某位表现突出的同仁，更重要的意义是，这样的做法既能让同仁感受到尊敬，又能感受到温暖和关怀。

159. 奖学金

设定一个"小额奖学金"给你想要肯定的同仁，让他们自行选择参加教育课程或自我成长的训练，切记这项奖励不要附加任何的限制性条款（例如：和工作年限相关的要求）。

160. 辣妹香槟

要请公司的异性同事为超级业务员开香槟，可以找不同口味的香槟分别替达成各种目标的同仁庆祝。这是一个很好玩的奖励，不需要很多经费就可以对有贡献的同仁提供立即的肯定。你可能认为这没什么意义，也许你是对的？不过，当你试办一阵子以后，忽然停下来，我保证有些表现好的同仁，会因为没得到"辣妹开香槟"而感到失望。

161. 如雷贯耳

取一个特殊的名词来肯定你的团队（像"科技魔法师"、"王牌服务团队"）。或许可以他们自己挑名字，然后在这个团队的工作场所入口处，挂一面很大的旗帜，写上他们所起的名字。

162. 爱屋及乌

和同事一起分享他们小孩的足球赛、学校比赛或其他特别活动，也是肯定员工很棒的一种方式。他们会很感激你对这样的活动有兴趣，当他们问你为什么会来时，你可以说："我只是想看看，你的小孩是不是表现得和你一样出色。"

163. 以兹表扬

送一双NIKE小球鞋（代表Just do it！）去肯定那些"起而行"的同仁，并传递给其他同事，让他们看看这位同仁是如何身体力行而获得奖赏，借此了解起而行才能落实整体组织的价值。

164. 救命工具

送给开车的同仁一副紧急的汽车修护工具表示谢意——里面有汽车垫高器（千斤顶）、手电筒、补胎器及其他急救工具，在工具箱中再放几张人民币（以防万一），给对你很重要的员工，事实上，这样的肯定有可能是一个救命工具。

十一、特殊奖项

165. 偷闲金牌

送给员工一张得到公司认可的在本年内休假的"特许证"。让他在紧张、繁忙的工作之后，放松一下心情，切身感受到公司对他的肯定和鼓励，从而蓄满能量，在未来的工作中再创辉煌。

166. 小抽奖箱

准备一个藏宝箱，让他们到箱子里摸彩，箱子里面装有各种奖品，包括：帽子、杯子、电影票、租赁券等，还可以考虑放一个特别的"大奖"，像装有1200元钞票的信封，同仁有特别值得被表扬时，让他们到藏宝箱中，试试手气选一份惊喜的礼物。

167. 回馈日

在公司错误减少、好消息及正确判断源源不绝发生的这段期间内，宣布这期间内的某一天成为"全体成员持续好表现的回馈日"。让大家记住这份荣耀和喜悦。

168. 订一束花

送给团队一束可以传下去的花！订一束鲜花给你辛苦的团队，附上传递路线的小纸条（上有员工名字的递送顺序），每个人保有这束鲜花半天后，再递给纸条上的下一位员工，每个人都轮过后，放在公共区域供大家欣赏。

169. 升等服务

如果你有同事正要搭机进行一趟又闷又长的商务旅行吗？如果他们碰巧是你希望给予肯定的员工，那不妨将他们的机位升到头等舱、安排租车或旅馆房间升等，都是不错的肯定方式。当然，最好是将以上所有项目都升等。

【案例】

卡内基一次年度员工旅游时，创办人黑幼龙先生也随团出游，就是利用类似的方式，将员工原本胆战心惊的情绪全数释放，最后兴高采烈地返抵国门。

这次的旅游原本是在SARS期间举办，地点是澳洲，但因为当时台湾的疫情严重，遂告延期。好不容易在员工期待已久的新行程要出发的前几天，预订目的又出现百年不见的痢疾病例，所有团员无不沮丧地准备泡面、矿泉水等应急用品，以免乘兴而去，败兴而归。

黑幼龙先生把激励员工这点发挥得淋漓尽致，不但让原来公司负担的团费部分，全数升等；并将自费的泛舟、拖曳伞、浮潜、水上摩托车等行程都由公司支付。结果，因为痢疾病毒受到有效控制，反而让全体成员有了一趟心情由谷底180度大反转的难忘之旅。

170. 出其不意

明确的奖励可以让员工努力去争取，但视奖励为应得的心态是不会让人对某项奖励终生难忘的。而"出其不意"的奖励往往能够让人喜出望外、刻骨铭心。"出其不意"的奖赏可以有各种形式——职业公会、YMCA的会员卡、高尔夫球具的折扣卡、假期、小礼品。简单的奖赏也会产生意想不到的效果。

【案例】

玫琳·凯（Mary Kay）化妆品公司的创始人玫琳·凯喜欢采取给当事人一个意外惊喜的办法来奖励员工。公司的不少推销员都因此而受惠。

密歇根州公司的一位员工在完成一个颇为重要的项目后便给自己放了个假。让他想不到的是，当他度假回到家后，惊喜地发现了公司给他的奖励——装修一新的厨房。这令人惊喜的奖励不仅让他喜出望外，也让他在之后的日子里，更加积极地投入下一个项目中去。

171. 外出充电

领着你的同事外出充电：安排同事和设备经理一起去做例行性检查、和维修工程师一起去拜访客户或其他类似出去拜访的事情。外出充电，是学习的经验和机会，并培养人际关系，而且尝试在例行工作以外，做些不一样的事情。

172. 拿手绝活

找出一位表现好的同事，做一张表，列有多项你喜欢、欣赏、钦佩、尊敬这位同事的地方，然后告诉他（们）。当你和他（们）分享的同时，不但会明确地凸显这些长处，这位同仁日后也会在你肯定的这几点上表现得更好，而你自己亦能从中学到许多。

173. 票选精英

提供一张"你值得我投一票"的小卡片，给你的客户及同事，让他们去肯定你团队中的成员。在这张小卡片上预留小小的空间，让投票者签名并写上投票的理由。然后把这些小卡片发下去，并附上投票说明：收到小卡片的员工，可以累积这些小卡片，最后换成奖品、奖金或休假。

【案例】

瑞契电器让顾客们以微笑贴纸投票给为他们服务的员工，每周统计哪一位服务人员得到的笑脸贴纸最多，就可以得到奖赏。只是这家公司的奖赏方式不同，就是在每周五下班时，由集团老板朱利安·瑞契开着她的劳斯莱斯，载这位得到最多笑脸的同仁回家，欢度周末，并期待下周有同样的好表现。

174. 颁发奖牌

如果你的团队刚拼命完成一个特别的案子，创造了一笔巨额的销售，那么当"竞争"结束、"战役"得到胜利后，可以考虑给每个人一面"功绩及英雄"的奖牌，邀请高级长官出席这特别的颁奖仪式。

175. 张贴海报

可以制造一张奖牌形状的大海报，张贴出来，鼓励表现优良的员工。将这张海报放置在大家常经过的地方，写上你想肯定同仁的姓名及成就。

许多公司目前都有利用一些文化墙来表扬一周或者一个月内表现突出的员工。但是，本人看到最棒的方法还是能够整理一个季度或一个年度表现最优秀的员工具体的事迹，用一张大大的海报贴下来并进行为期一个季度甚至一年的展示。同样这样做有两个好处，一是让正面性反馈的事情，得以不断重复；二是让新进的同仁看到原来在我们公司对员工的积极肯定和表扬，这样一来，新进的同仁也会铆足劲儿朝好的方向发展。

176. 荣誉卡

为你的团队成员制作MVP（最有价值人员）荣誉卡，包括相片、工作职称、特殊成就及一些个别资料（嗜好），放在大家随手可拿到的地方，并要求每位员工人手一张。

177. 拉铃庆祝

将员工带入庆祝铃声的世界。在同仁常经过的地方，加装一个大型的金属铃铛，当同仁或团体有所成就时就拉铃庆祝。每位同仁在集合众人的意见之后，或听到什么好消息后，都可以拉铃庆祝。

【案例】

位于北京的电话邦公司，就是用这样的方式来激励、鼓舞团队士气的。电话邦是全国最大的智能手机来电号码识别公司，提供服务于华为、小米、Oppo等手机厂商。他们提供全中国最全、最准的电话号码数据库，让手机用户在接到陌生号码来电的同时不再展示陌生的号码，而是将号码翻译成企业名称或者骚扰、诈骗、中介等标记信息，提供用户作为是否接听的参考。由于公司需要透过商务合作进行各种数据的交换，积极、正向的工作环境会对同仁产生鼓励的效果，进而对于数据的不断优化有非常好的促进作用。每当公司的商务、市场或者其他团队的同仁缔造了好成绩，这位表现好的同仁就会透过庆祝铃声的方式给予表扬，除了拉铃的人自身可以提升荣誉感之外，对于团队的其他成员也会有良性竞争的效果，整体的工作气氛也因而非常地高昂，充满活力。拉铃庆祝的核心精神在于透过一个仪式、一个动作和一个声响，在同仁心中建立起荣誉感和积极的工作态度。因此除了拉铃之外还有很多其他的仪式、动作和声响，能够达成类似的效果。击掌就是一个很好的例子。每当同仁有好的表现时，透过跟每个参与工作的团队成员进行击掌，也会让大家有成就感和荣誉心。尤其当团队需要相对安静的工作环境时（例如由工程师与设计师所组成的产品团队），击掌也是一个很好的方式，可以达到类似拉铃庆祝的效果。

178. 别样的肯定

还记得以前当家人及朋友到学校探望你，并看你做些什么时，你有多荣耀的事吗？为什么不借着给予同事家人及朋友类似的机会，来创造同仁们相同的骄傲呢？可借由邀请他相当重视的人，来公司看看他平常工作情况的方式，肯定你的团队成员。

179. 命名特权

使用员工的名字来为某一个奖励计划或公司某一个地方、设备或活动命名，这种荣誉必然使他们感到非常风光。例如：志明员工自助餐厅——以纪念第一位服务三十年的退休员工，或春娇领袖会议——召集最近升迁的部门主管。

【案例】

高云燕是海尔集团总装车间的一名普通操作工，在工作过程中，为了提高加工的质量和效率，她提出在钻眼机前放一面镜子，以便更好地观察操作效果，取得更高的工作效率。经她建议，海尔集团很快地立起了一面1平方米的镜子，而且称这面镜子为"云燕镜子"，还书写在镜子上面。这样的举动不但激励了高云燕本人，还把她树立成了全体员工学习的榜样，从而让全体员工自动自发地发挥主人翁的创造精神。

一位名叫杨晓玲的女工，因为她创造了一个化霜按钮的坚固扳手，使按钮组装一次合格率由以前的70%提高到100%，公司马上将这种扳手命名为"小玲扳手"。

如今的海尔集团，员工们大搞革新，发明、创造已成为一种习惯。这和海尔集团的企业理念是分不开的，因为他们深知，创名牌产品就必须先创名牌队伍，创名牌队伍就必须尽可能发挥每一位员工的创新思维。

180. 马上行动

如果以上提到的方式都能为你所用，那么，马上行动起来！运用以上所说的每一条准没错，因为它全是对待同仁的绝佳方法！

十二、肯定要件

181. 及时的

不要等，要在好的表现发生后，尽快给予肯定，随着时间的过去，赞美的效果也会大打折扣。因此，不如立即行动。

182. 明确的

精确地告诉这个人哪里表现好，只说一句"做得好"，并不能表达得那么清楚，形容得很明确，可让这位表现不错的同仁，未来能重复这个好行为。

183. 真诚的

不真诚的赞美，通常比什么都不说还要糟。你必须告诉他（他们）如此的表现对你有什么意义。

184. 个别的

挑出来个别肯定，要比直接肯定一个团队来得好。事实上，并非团队每一个成员的贡献都一样多。

185. 因人而异的

调整被赞美的形式及方法。有些人喜欢公开赞美，有些人只喜欢私底下讨论，"不同的人，用不一样的形式给予肯定"。如果不确定被肯定人的喜好，就去悄悄地了解！

186. 成比例的

肯定要和表现的质量相吻合，小题大做会让同事质疑你的动机。

过与不及都会让肯定产生反效果，平常一直都没有正面性反馈习惯的领导，突然对一个同仁过分地表扬，这时候，其他同仁会感到奇怪。通常，在肯定的要件中一定要让他肯定的员工感到很舒服、很自在，从而能够达到表扬的效果。

十三、拒绝鼓励的十大借口

187. 不知如何肯定别人！

毋庸置疑，这是一个符合真实又真切的讲法。在给予肯定这方面，大多数的人从没有受过任何相关的训练，这也就是我为什么写这本书很重要的一个原因，现在利用本书，希望你可以找到一些用得着的素材。

188. 没有时间！

当然，时间是既宝贵又有限的资源，我们心中总认为有更多的事情要做而推脱时间不够，但不知怎的，我们都规划去做对自己更重要的事。所以，若你发觉没时间去称赞他人，可能只是你未将肯定别人这件事的优先顺序，放在"时间不够"前面而已。其实，要你说声"谢谢"及"很感激"，又需要花你多少时间呢？

189. 人们在乎被肯定吗？

是，说得很对！若你认真观察的话，或许你会发现一两个，即使受到肯定也无动于衷的人；而你也可能发现有些人会认为赞美对他们并不重要，但绝大多数的人喜欢被肯定，他们期待自己所做的努力及贡献被发扬光大。所以还是多多肯定你的同仁，较有胜算。

190. 不关我的事！

想一想，人们是否认为给予别人肯定是上对下要做的事，只有"老板们"才有责任要这么做？再想一想！原来那是错误的观念，因为那正是为什么肯定发生的次数，不如它应该发生的次数一样多的最重要原因之一。事实上，支持一个彼此认同并真正心存感激的环境是每一个人的责任，"肯定"这回事儿，绝不只是主管们的责任而已，而是每个人都应尽一份心力，把环境营造成一个彼此感激的氛围才对。

191. 只做好分内的工作，该获得奖励吗？

我也不同意！"奖赏"是特别的东西，而且应该保留给有特殊贡献的人。但"正面性反馈"并不同，它是一份谢意、好评及助力，以增加员工加足马力工作的可能性，相对地，也会使你工作得更轻松。

192. 做得太多就麻烦了！

可能如此。但大多数的公司还有一段好长好长的路要走，才会看到指针写着这里的肯定太多了。不真诚的赞美，要比赞美的"量"更容易降低肯定的价值，所以真诚地去肯定你的同仁吧！

193. 我所能做的非常有限！

大多时候，是因为你没有开启自己想象力的开关。好吧！就算你没有办法掌控预算，或正式制订奖励计划也没有关系，毕竟那只是"肯定"方式的一小部分而已。现在，你不但会在这180条中找到成本低廉、自然去肯定同仁的方式，也可以发挥你的想象力，自创更多的好点子。

194. 有些时候很尴尬！

就像开汽车新手上路，第一次驾驶手动挡车的感觉一样！但随着你赞美同仁的次数增加，说好听的话就变得更容易（希望是这样），而你也会愈喜欢肯定别人的这种感觉。如果你肯定别人时会觉得不舒服，很可能你的赞美还不够多，继续坚持下去，并多多练习。

195. 同仁因此骄矜自满！

不会的！想想看：当别人对你的贡献展现出感激的态度时，你会不会松懈下来呢？这样已足以回答这个问题。

196. 为什么要肯定别人？

只因为称赞别人是对的事情。你知道别人将你的努力及成就忽略掉，是什么样的感觉？糟透了！所以，别让一件做错的事，成为做下件事的前例，而一错再错。

十分之九的智慧来自心存感激！把握时间，赶快找到一位同仁，紧紧抓住他的手，给予真诚的表扬吧！

Part 3

服务好客户：
用心和真诚

一、客户服务落地的180种方法

你是否曾驻足片刻，仔细思考自己身处什么行业？问了许多人，通常大多数人的回答都是制造业、销售业、医疗保健业、银行业、保险业、资讯软体业、餐饮服务业，又或是零售业等。假如你的回答也大同小异，那么你只答对了一半！

这儿有一个小小的问题：如果贵公司所有的客户都找到更好的地方去消费，离你而去，那么贵公司还有业绩吗？你还能保有现在的饭碗吗？答案当然是不可能的，这就是一个连锁的反应——客户消失、公司倒闭，当然你也就没有工作了！

这个小问答也正透露出另外一半更重要的思维——其

实，你身处在顾客服务的行业中。这也代表你不只要懂得如何修理汽车、如何写程序、如何操作机器或处理好分内的工作，更要懂得如何用正确的方法服务好客户，除此之外，你还得身体力行。

最近，如果你注意一些公司对外的言论，就不难发现他们大多认同良好服务顾客的重要性，所以到处都可以看到企业为招揽顾客所用的广告词，如"顾客至上"、"服务第一"等听起来多半大同小异的广告用词。但讽刺的是，这些所有高贵、意图明显要吸引顾客的广告词如雨后春笋般浮出台面的同时，服务品质却明显持续地下降。

回想一下自己当顾客时的经验，实际服务体验是否远远不及你的预期？在你过往的经历中，某个服务人员是否给予过出乎你意料之外的上乘服务？又或是当接受别人服务时，有没有发现超乎想象的惊人之举或者让你愉快的美妙经验呢？有些时候，你有没有因为太差劲儿的服务而促使你想更换商家？

总而言之，企业如果没有一套客户服务的话术，同仁们在工作中没有按照公司所说的一样善待他们的客人，那么公司每天必将会流失不少客户。所以，想要经营好一家企业，就必须要改变和客户互动的方式，而且是要180度的大转变。接下来这180条小技巧，可进一步引导你在面对日新月异的挑战时，不仅能满足你的顾客，并持续让顾客在贵公司消费。追本溯源，公司每月付你的薪水还是来源于顾客的消费，这个理由，总该足以让你加倍注意职场情绪管理，好好服务你的顾客吧！

当你继续读下去，就会发现许多精简而且强而有力的技巧、策略、实务上的方法，以及教你如何落地的小贴士，不多不少正好也是180条。这些创意的点子及一些要读者熟记的方法都是经过精心设计的，用以传达最上层的服务理念和方法。只要用心和真诚地去服务客户，常常都会有事半功倍的效果。

二、运筹帷幄——撸起袖子干的 顾客服务

现在，最后一个疑问：为什么要这么麻烦去学习更好的服务理念和方法呢？如果二流的服务能保住你的饭碗及薪水，为什么又要为了客户做些特别的努力呢？很好，让我们看看基于什么因素，你必须提供最完善的顾客服务：

感恩你的顾客

顾客将他们辛苦赚的钱消费在你的产业中，当然值得享受最好的服务。

感恩你的公司

公司不仅发薪给你，同时将生计及未来的发展交在你的手上，当然值得提供最好的服务。

感恩你自己

你竭尽心力想让自己享受尊荣、获得满足、提高声望，当然值得将你十八般武艺全都使出来，服务好你的顾客。

1. 第一印象

"落地"的服务是从第一次接触客户的一刹那就开始的，初次见面要留给客户好的印象。因为你只有一次表现的机会。所以要像寒冬里的阳光，温暖地迎接他们，接电话时要说："谢谢你打电话来××公司"；面对面接触顾客时则要说："欢迎光临××公司"。一定要让客户明显感觉到他们是很受欢迎，并且为之感动，这样你所服务的公司才会成为顾客经常来消费的地方。

2. 视若无睹

千万别让客户觉得他们是隐形人。对上门的顾客要心存感激，并以笑脸迎向他，即使你只是一如往常地说："谢谢你的光临，我马上就能为你服务。"但一定要表现出你知道他们的存在，人们多半会更愿意耐心地等待。

3. 点头微笑

当顾客排队等候服务时，避免表现出事不关己的样子，冷冷地说："下一位。"要和下一位排队的顾客有眼神上的接触，微笑并点头示意，大多数的顾客会意识到你这么做是向他们提出往前一步接受服务的邀请。如果你无法和客户做眼神上的交流，也试着礼貌地说："下一位，我能为你效劳吗？"

4. 四目交接

在面对面服务的情形下，养成正视每一位顾客的习惯。维持眼神上的接触，有助于专心听客户所说的话，同时显示出有积极帮助他们的意愿。

5. 尊姓大名

善用顾客的名字。借由询问或观察顾客的支票、信用卡等私人物品，尽早得知顾客的名字，然后尊称他们的姓（如张小姐、叶先生……），除非你意识到更贴切、更适当的称谓（如部长夫人、区理事长、曹董事长、胡院长……）。

6. 字正腔圆

人们喜欢你正确地念出他们的姓名。你可以在整理客户档案的时候，在较特殊的姓氏上标下注音符号及正确的念法。这样的话，其他部门的同事下次接触这位客户时就知道如何正确地称呼他。

7. 自我介绍

告诉顾客你的名字。用"欢迎来到某某公司，我是×××，有什么可以为你效劳的地方吗？"作为和顾客服务的开始，这样做不仅会拉近彼此间的距离，还会使与客户间的互动更加友善。顾客也会将你视为平常有来往的人，而不仅是冷冰冰的服务人员。

8. 笑脸迎人

不论是面对面的接触还是以电话的方式和客户交谈，每次都要以笑脸迎人。请记得，只要真的报以微笑，客户也可以在电话中听出你"微笑的声音"，这样会让你的处事更正面、更积极。试试看，真的很有效！

9. 限时一分钟

顾客来电时，除非你中间需要再向他作阶段性的报告，否则千万不要让客户等待超过一分钟。可以问问顾客是否要求回电，如果同意的话，抄下对方的电话号码及方便回电的时间，并且确定要回这通电话给留言的顾客。

10. 对症下药

不要只是将顾客的电话转接出去就草草了事，确定你所转接的那位同事在位子上，并且能回答这位客户的疑难杂症或是解决他的问题。

本人在众多的客户辅导经验中曾经遇到一位总机接线员。这位总机接线员非常耐心地听完客户的解释和客户的问题之后，他会先花点儿时间把客户的需求摘要跟要转接的人沟通一遍，然后才把客户转接给可以解决客户问题的这位同仁。这样做常常会有事半功倍的效果，同时也让客户在等待之后可以得到一个很好的结果。

总机其实是我们公司的第一个门面，如果总机做得好，能够听清楚客户的要求和转接的人，这样公司的效率就会提升了。

11. 时间的价值

尊重客户的时间，如果没有合理的解释，请适当地道歉或采用其他解决方案，千万不要让顾客等待。

时间就是金钱，将心比心，如果你是一位客户，你也不会喜欢过久的等待。所以，在面对你的客人时，站在他的立场上想想时间的价值，尽量缩短它的时间，这样就能够在最有效的时间做最精准的事情。

12. 全心投入

给予顾客百分之百的注意力。在服务的这段时间内，记些笔记，并时常做些整理，记下更多自己分内应该做的事。

服务好客户必须用心和真诚，在面对客户的这个单位时间内，全心地投入，最能够感受到的就是客户本身，当客户感到真诚跟用心的服务，很多事儿都能够迎刃而解。

13. 倾听的魅力

将了解顾客的需求及期望作为你服务的目标，而不是自顾自讲着为达到销售目标所要说的话。就好像最后会有一场测验般，认真地去倾听顾客所说的每一句话，并且把顾客所表达的意思改变成你确定能了解的语言。如重复顾客所说的话，再用你的理解描述他刚刚所说的。（就我听来你所想要的……是这样，对吗？）

14. 身体语言

注意你的身体语言——一种非语言、文字的沟通方式。记录下所有可能妨碍别人的手势、语气和姿态，分析你在什么样的情况下会做出这些扰人的举动，然后随时提醒自己，以免重蹈覆辙，做出同样负面的动作。

15. 投入感情

不要做一个机器人！如果你必须照本宣科地念出公司拟定的口头剧本，请放些感情进去！并对不同的顾客做出些许调整。如果你只是背诵公司政策、使用步骤，那和机器人做的事情、录音机发出的声音有什么区别！

试着回想我们曾经收到过的电话销售，其实我们是能够感受到说话者的情绪的，如果说话者满怀笑容，即使我们看不到，其实也一样能够体会到看不见的喜悦。下一次，即使只是需要照本宣科，试着投入感情，相信一定会有不一样的结果。

16. 温故知新

经常回去翻看一些重要的咨询（如顾客的名字、地址、电话、订购的产品、制定的服务项目、运送及付款的详细情形等），同时，确认你的记录是正确无误的。

17. 亡羊补牢

和客户交易出错时，马上承认错误、道歉并设法弥补，然后继续这笔交易。顾客并不期望你是完美无缺的人，他们更期待你是诚实的人，及时承认错误并对这次失误做出最好的补偿。

18. 重视承诺

答应了顾客就要将所说的付诸实际行动。譬如：假设你告诉一位顾客，你将在中午前搞清楚货品迟延的原因并回复他，你最好实践你的承诺。即使你只是在中午打电话告诉客户，表示仍在处理这件事，也比你什么都没做来得好。顾客偶尔会将你承诺他们的事，排入他们的计划或决策中，若你食言了，他们可能会做出公司产品及服务和你的承诺一样糟的结论。

19. 撸起袖子

承诺少一点儿，服务多一点儿。给予客户合理的承诺，提供给客户超乎他预期的服务。

承诺客户最少的，给予客户最多的，即使只是一张简单的贺卡，或者是一份精致的小礼物，顾客也会因这一份预料之外的小惊喜而对公司刮目相看。

20. 有所不为

除非你立即受到上级指示不得逾越权限，否则绝不要告诉客户你不能做什么。客户关心的是你能够为他提供什么服务，而不是浪费时间听你用公司政策及一大堆的理由来解释你不能做的事情，这样做只会令顾客感到厌烦！

21. 追查真相

不知道就查清楚。如果你不知道客户问题的解决方案，不要瞎猜（忌用：我想……我认为应该是……），也绝不要以"不知道"或"不确定"作为结束。

大部分的人都曾经有过住酒店的经验。隔天退房的时候，难免有些人会将东西遗忘在酒店内。试想当你回到柜台前，说我是今天或昨天住这个酒店的客人，不知道你有没有捡到一份什么东西。柜台的人员如果回答说："应该没有吧"，这些都是不好的回答。最精准的回答就是追查真相，打电话到客房部门，告诉客房部门，哪一个人在哪个时间退房后，有没有遗留什么样的东西，追查完了以后，把具体的事实跟客户汇报，这就是非常好的方式。当你追查完了真相，即使没有找到遗失的东西，相信你也愿意接受这个结果。

22. 树立专业

设立目标让自己成为你所提供服务或产品这方面的专家。熟读工作导览及行销手册，多和产品研发同仁、供应商、系统维修人员聊聊。自行先亲身体验这项产品及服务，所谓"知己知彼，百战百胜"，当你了解得越深入，就越能够提供优质的服务。

23. 正面用语

在与客户的互动过程中，终结所有负面用语。努力减少负面用字及词语，客户很不喜欢如：不能、不会、不知道或对不起等用词，你必须寻找每一个机会说：能、将要、会、是、当然、绝对等正面用语。

24. 聆听自己

每隔一段时间，将自己服务客户时的对话录下来，将麦克风安装在接近你这方的电话筒，可以让自己的声音在客户不察觉的情况下被录下来，而不会录到客户的声音。过后播放你所录制的带子，并分析自己的表现，将自己当顾客，听听看表现得如何？是否有需要改进的地方？又有什么地方是自己表现不错，值得继续保持下去？记录下来，留下你成长的轨迹，日后还能够温故而知新，也可以请一些同事听听你的声音带，并给你一些良性的建议。

25. 据实以答

记得客户不喜欢、不愉快的经验或最后一分钟的惊喜。若有任何不能预期的延宕，马上告诉他们；若订单有任何的变动（缺货、延迟、遗失等），请立刻和顾客联络。据实回答，在当下或许得到客户的责难，但是总比日后你要找一大堆的借口，也达不到客户的谅解要好得多。

26. 重视小孩

若是小孩也算服务范围的一部分，要特别注意他们，让小孩子也有被重视的感觉。问问他们的名字，给予一些赞美或给他们一些特别的小礼物，这样会增加小孩子对这次服务的体验，也提高客户再回来消费的可能性。

【案例】

航空公司通常会给乘机的小朋友准备一些随行的小礼物，在餐食方面专门为小朋友准备儿童餐盒。这样当下一次有全家出行的计划时，小朋友就会因上一次的飞行体验对该航空公司留下深刻印象而要求父母再次光顾这家航空公司。

一家知名航空公司推出了Hello Kitty主题专机，从机票、机身到机上一系列的设施、餐饮都加入了Hello Kitty的元素，许多小朋友，尤其是小女孩在出行时都希望父母能带她们体验该公司的主题专机，由此为该公司带来了可观的收益和口碑。

27. 维修铁律

这儿有两个针对维修业的"铁律"：① 维修前，先清理干净；② 维修完、清干净后，贴上一个印有公司名称及电话的贴纸，好让客户记得，未来需要什么协助时，该打电话找谁，增加下一次服务的机会。

28. 敬业精神

给予每一位顾客你最好的服务。记得，你永远不会知道下回你要和谁做生意，下一位顾客或许就是公司的董事长，专程为测试公司员工的服务态度而来；或许他们是新闻记者，正对你的工作内容做深度报道；或许她们是老板娘，回家后一定会和老板讨论一下，今天在公司被服务的经验；又或者他们是竞争对手，正在寻找一个优秀的客服人员，将以3倍的薪水从同业挖墙脚。想一想，以更好的态度服务你的客人重不重要？

29. 勤做笔记

和客户对话时，记一些简短的笔记。开始时，先略记客户的名字，接着记下可抓住客户谈话精髓的关键字句。

好记性不如烂笔头，即使你记性再好，想要在时隔多日之后回想起这位客户曾经说过的话也不是一件简单的事。如果我们能够把客户提到过的关键信息记录下来，汇集成册，这样就可以及时地提供给客户他所需要的服务，客户也会因受到尊重而再次回来。

30. 摘要重复

当你和顾客谈话接近尾声时，针对你们刚才讨论的话题，做一些简短的摘要，并将重点重述一遍。如：你接下来可以为他们做什么？客户期待些什么？客户想要的答案何时可提供回复？购买这项产品的好处是什么？这样做的话，客户将更觉得和你做生意是明智的抉择。

31. 珍惜顾客

要牢记经常感谢顾客所带来的生意，告诉他们你有多么珍惜他，给了自己公司为他提供产品和服务的机会。记得，付你工资的人是顾客——他们为你带来的生意是公司生财的器具，也是让你拿到高薪的前提。

32. 再度光临

另一项需要经常做的事是——经常邀顾客们回来！以"请再打电话来，很感激你给我们再一次服务的机会"，或笑着简单地说"请再回来看看我们"这样的话作为和顾客互动的结语。你会很惊讶地发现，顾客说"我会"的比率如此之高，而且他们真的会再回来。

33. 读懂客户

不要忘记公司"内部顾客"。你的工作是不是也提供你机构中其他部门、其他团体、其他个别员工的服务？如果有，那些人也是顾客。他们是你的客户，就好比和你们做生意的一般大众一样，也应该享受高品质的服务。

"黄金原则"：以自己希望被对待的方式，来服务你的客户。

"白金原则"：以顾客想要被对待的方式服务他们。为彰显此原则的重要性，以上作者试着用贵重金属来为它命名。再者，还可以从另一个接近心理学"心领神会"的概念思考，这一条原则也许可以这样定义：你应体会被服务那位顾客的心理状态，贴近客户的心思，一一解决客户的需求。

【案例】

通莞科技（833006）这家公司的董事长颜肖柯女士，就曾经在服务客户的做法上，想客户所想，真诚对待客户。这样的一个做法，让这位客户在好多年后的一场餐叙中，提到这段往事时，还让他记忆犹新，心有暖意。

颜总在一次吃饭的时候听说这位客户特别喜欢吃龙眼干，而在那时候刚好是当地龙眼盛产的季节，当地人们在享受新鲜龙眼之余，常常会将富余的新鲜龙眼晒成龙眼干保存下来。于是颜总就交代她厨房的主管，说麻烦你看看有没有办法收集到刚刚晒好的新鲜的龙眼干，然后拿一批来。隔天这位主管就从乡下的老家运了好几十斤的龙眼干到公司，运来以后，她就请主管找几位细心的女生，让她们把手给洗干净，再把二十几斤的龙眼干一个一个剥壳剔肉，并分装到密封的纸袋里。厨房的同仁们整整花了七个多小时的时间，才将二十几斤的龙眼干剥壳剔肉，分装完毕。

当这位客户再次来到公司的时候，颜董事长就拿出早已准备好的龙眼干，对这位客户说："上次你来的时候说你喜欢龙眼干，我准备了几包你尝尝。"当这位客户得知这个龙眼干是经过这么多烦琐的程序，如此用心地完成以后，他在欣喜之余也深受感动。这件事之后，这位客户与通莞之间的合作也更加紧密。同时，这位客户也经常自愿向朋友推广通莞这家公司，并促成了许多很好的交易。

三、顾客"关系"

今天，大健康、新媒体、人工智能、自动化、服饰业、医药保健等行业的行销，不过就是对顾客关心的事物了如指掌，如何使其商品到头来能满足顾客的胃口。

34. 培养关系

销售前辈经常告诫我们："成交不是销售的结束，而是销售的开始，一位好的销售往往能和客户成为朋友。销售之道，攻心为上，当你和客户之间培养了良好的关系，'成交'，不过是水到渠成罢了。"

【案例】

一位客户在销售员的帮助下买下了一幢大房子，虽然房子不错，但是由于价格不菲，客户总有买贵了的感觉。

半个月后，销售员打来电话说要登门拜访，让这位客户感到不解，不知销售员前来有什么目的。第二天的上午，销售员进门的第一时间，就向客户祝贺他买了这样一幢好房子，然后又声情并茂地告诉了客户许多这个地区的小典故。接着，销售员又领着客户围着房子绕了一圈，边走边详细向客户介绍他买的房子是有多么的与众不同，同时还告诉他周围住的邻居都是教养非常好的人。一番话下来，销售员的热情深深感染了客户，也打消了他对价格的疑虑，让客户确信自己买对了房子，自然也和销售员建立了良好的关系。几个星期后，这位客户的朋友在造访时看中了旁边的一幢房子，这位客户在聊天之余自然就将这位销售员推荐给了朋友，很快，这位销售员就又顺利完成了一笔生意。

35. 称名道姓

称呼顾客的名字，并鼓励客户称呼你的名字。这样做会使得交易的过程更亲近些，这是关系导向，因为大部分顾客认为和他们"认识"的人交易，总比和完全陌生的人交易来得舒服自在。

36. 换位思考

利用你的切身体验。把自己当成顾客，或者回想自己当顾客时曾经觉得非常棒的经验，什么原因让那次的经验感觉那么棒？再想想你当顾客时曾经遇到过那些最糟的经验，为什么让你觉得那么差？当你和顾客交易时，试着去复制带给你美好经验的正面因素，而消除负面的。让顾客留下好印象，将无往而不利。

37. 阶段性关系

记得持续建立阶段性的关系。

短期——最初服务所建立的关系。

长期——在刚开始接触后，你继续追踪并阶段性联系所产生的关系。建立长期、短期关系都很重要，必须同时维系下去。

38. 独一无二

就像世界上没有完全相同的两片叶子一样，每一位客户都是独一无二的。有的人无肉不欢，有的人喜甜，尊重每一位客户，了解每一个需求，关注每一个小细节，"服务"也可以是独一无二的。

【案例】

2000年8月，海尔在全球开展"我的冰箱我设计"海尔冰箱B2C产品个性化定制活动。哈尔滨用户宋明伟先生因房间摆放需要，想要一台左开门冰箱，他首先想到了海尔，到海尔网站一看，果然有用户定制服务，用户可以选择冰箱开门方式等十几个特殊需求，他按需求下订单后，海尔公司立即组织技术人员进行技术攻关。为了满足用户的个性化需求，海尔冰箱事业部经过紧张的现场研制和技术改造，克服了一系列技术方面的难题，4天后终于生产出了完全符合质量标准的左开门海尔冰箱。目前海尔的国外客户只要根据当地气候、电压条件及风俗习惯订购特需冰箱，海尔均能在一周内拿出样机，一月内组织批量生产。海尔电子商务的推出，解决了家电产品在新经济时代，如何满足消费者个性化需求这一难题，真正实现了生产厂商与消费者之间的零距离。"假如你想要一台三角形的冰箱，你只需打开互联网上的海尔网站，根据网上提供的模块，设计你所需要的产品，那么7天之后这台冰箱就可以送到您的家中。"海尔首席执行官张瑞敏在许多场合都会引用这个例子，来说明海尔以定单生产为中心的管理革命。

39. 发问技巧

不要问顾客会回答是或不是等这类封闭性的问题，而要问像"我要如何为你做最好的服务？"等开放性的问题。这么做，你不但会因明了顾客的特殊需求而获得较好的远景，而且你也促进了彼此的双向沟通，进而得到更稳固的关系。

40. 总结重复

重复使用过去有效的经验。在你所有的客户中，挑出你认定和你关系最好的一个，分析你和他之间所建立良好关系的过程，并写下在这个过程中你所投入的三件最满意的事，以此复制这些可以和客户建立良好关系的行为，并将这些行为用在更多的客户上。

41. 真诚赞美

找机会赞美顾客，说说类似"这真是一件漂亮的毛衣"、"你戴上这条领带看起来真帅"、"天哪！你笑起来真是迷人"……这样的话，这样做经常会得到对方一个微笑又或是一句谢谢，并成为建立关系的开始。如果你很真诚地赞美（那是一定要的），客户会觉得很棒，同时你也会有相同的感觉。

42. 延伸话题

想找个方法让你和顾客的对话延续下去吗？当客户和你讲他所居住的城市时，你可以说："这个城市听起来很熟悉，但不知道正确的位置在哪儿？"接着可以了解客户的工作机构，比如"你从事什么行业呢？"很快地，你就可以和顾客像老朋友般轻松地聊天儿。

43. 借题发挥

找找看、听听看或讨论下你和顾客的共同之处（例如：有相同的房、车，是同乡又或是同姓），如果真的发现了相同之处，要这样说："说真的……我们来自同一个城市……"这可以让整个交易过程更活泼、更亲近、更自然。

44. 礼尚往来

如果你曾使用过或很满意公司顾客工作的产品及服务，告诉他们并说声谢谢；如果不满意公司的产品，也找个时间传达这项信息，让他们知道。

45. 临门一脚

若要加快顾客和你做生意的决定，可以试着说像"我想你拥有这项服务或商品一定会很开心"这样的话，这会增加顾客舒适的感觉，同时降低购买者后悔的程度。

46. 百宝箱

准备一个百宝箱，随时在里面收藏一些可以给予客户肯定的小东西。可以利用箱内的东西适时送给客户，肯定他们，让他们觉得很开心。

肯定能够让客户不断重复去做我们希望客户做的事，例如，当我们认为客户提出的建议非常有建设性，那么就可以在下一次见到客户的时候，给这位客户一颗糖或是一个小礼物，并真诚地告诉他"非常感谢您对公司提出的建议，帮助我们在处理发货环节的效率大大提升，期望以后能够再次收到您的意见"，这样一来，客户会十分愿意关注并不断向公司各方面提出宝贵的建议。

47. 掌握事实

可以讨论一下发生在顾客地区的新闻。例：若有台风经过顾客居住的地方，问他们是否被影响到。如果他们城市的某个球队得冠军，问他们是不是球迷，如果是，恭喜他们；如果不是，也恭喜他们。

48. 制造惊喜

利用小纸条、欢迎卡或电子邮件，给顾客一个惊喜，上面写着"有一段时间没看到你，希望你事事顺利"。

【案例】

相信大家都有过这样的经历，当你有一些事儿要宣传的时候，想要让大家支持一下，或者想让大家帮忙投票，通常会先在微信群里发红包。一家连锁餐厅的老板，在餐厅周年庆活动的前夕，拨出了一笔预算，要求他的十二位高管在朋友圈中找出人数超过一定数量的群，在每一个群里都进行红包投放，投放的同时，要配上准备好的微信文章：给你一个大红包，记得常回家，好久不见，甚是想念，领了红包记得回来看看我们。如此一来，红包惊喜配上精心准备的文案，无形中就为餐厅的宣传助力不少。当月的业绩也一路高歌猛进，提升了百分之二十三个点。

49. 放松的心情

放松的心情常常可以让人想出不错的点子，从而帮助公司更好地服务客户。当顾客经过你的管辖区域时，可以将站着聊天儿的情形延伸到驻足和你喝杯咖啡。若顾客答应你的要求，要确定保留10～15分钟不被打扰的时间，和顾客纯"喝咖啡、话家常"。

【案例】

有一位长者给企业家的建议是，三次跟客户的聚会中，最好有一次是跟客户闲话家常，用放松的心情去聊一些跟业务不相关的事儿。闲聊的话题可以是谈谈他对相关品牌的想法，也可以是问问他接触品牌前后的心路历程，或是跟他分享你最近在工作上的想法和公司最新的理念。往往许多新颖的想法或是更好的思路就会在闲聊中碰撞出来，这样一来，不但拉近了你和客户之间的距离，也能够让他将你视为朋友。

50. 变废为宝

当你在朋友圈或报刊上看到对顾客在工作上的特殊问题的处理上用得着的相关资讯，将它们收藏、影印或剪裁下来，转发或者附上一张写着"刚好看到这篇文章，我想或许你有兴趣"的小纸条送给他。所以下次当你要删除一些垃圾邮件，或丢掉产品简介之前，可先问问自己，这些资讯是否对某些客户有用。

51. 提供展示

给予客户一次关于你工作的导览，带着他们绕一圈，看看平时你在做些什么？如何操作？并让顾客见识一下客服人员是如何熟练地展示平常令一般人头昏脑涨的操作，试着以这种特别的方式服务客户。

52. 乐在其中

谁说你不能愉悦地工作呢？大多数人喜欢和那些会自娱娱人的个人或团体交易。所以，散发那些会令人愉快的幽默感，适当开些小玩笑或制造出一些"笑"果（但你得确信开玩笑时，能符合常理并判断正确）。最好的情况就是让客户觉得是他们自己在建立关系。

53. 客户管理

用手机备忘录、卡片或小纸条记下客户透露过的任何个人相关资料（例如配偶与小孩的名字、生日、近期出国的长假、哪一个运动队伍的球迷等），然后，你会开始有兴趣关心你的客户，进而有助于拉近你和客户或经销商的距离，渐渐变成朋友的关系。同时，减少你的销售倾向，逐渐拉近作为朋友间的关系，并且减少销售倾向的个人接触，才不会让你的动作像收钱及送货的机器人。

54. 又见LEG

让你和客户的关系更上一层楼。

（Listen for things you have in common things to remember about the customer.）

在谈话时，多发掘你和客户的共同性，可帮助你记得这位顾客。

（Establish rapport by focusing on the person rather than the business.）

客户互动着重于人际关系的考量，不要单纯地做生意。

（Go "outside the box" to make it special.）

试着"不落俗套"地，让客户觉得彼此间的关系很特别。

55. 释出善意

想要从客户身上得到善意的回应，你可以这样说：

"因为……你是我最喜欢的客户之一"或"你绝对是我今天谈得最棒、最愉快的顾客，谢谢你这么好"。就像你自己一样，客户喜欢听到他们乐意听的话，只要够真诚（为什么你不能呢？），你会接触到很多好的客户，让你这一天觉得很不错！

56. 再多一点儿

秉持让客户觉得开心的理念。当你抓到如何让客户真的感觉被关心的重点后，再为他们多做一件暖心的事。你可以给他们一些小东西、传送一则短信息，在里面和他说些贴心的话，又或是做些其他令客户舒服的事。在客户已经处于满意的状态下，不一定要费很多功夫，及时多加一点点就会使快乐的客户变得更开心。

57. 宾至如归

可以考虑以"谢谢你回到我们顾客之家！"作为所有新交易的结语。顾客喜欢享受被拥有的归属感，所以为什么不让客户觉得他们有专属的尊荣呢？为什么不让顾客和你做生意时，觉得自己是如此独特和专业呢？

58. 会员卡

为顾客准备以"家庭"为主题的会员卡，标明拥有这张卡就是我们顾客之家的正式会员。在卡的正面注明这张卡片的功能，并写上顾客的名字。卡的背面写上：如果你需要从我们顾客之家得到任何帮助，请联系我们，我随时待命准备好为你服务。同时，也留下一个小地方写上服务者的名字及联系方式。

59. 内部朋友

告诉顾客你的名字、工作时间以及联络方式，告诉他们如果他们需要询问任何事情，或者是遇到什么麻烦，都可以私底下打电话给你。这样做会让他们有认识一位公司"内部朋友"的愉快感觉。

【案例】

许多客户来访公司之后，在哪家餐厅招待吃饭是一门大学问，常常我们都会请客人去公司附近较为知名而且有特色菜的餐厅。有一位老板相当精明，指派公司的办公室主任，务必要把附近八家特色餐厅店面最高主管，变成公司的内部朋友。不到三天，这位办公室主任就搜集到了这八家餐厅在店最高负责人的名单，并在接下来的两个星期，每天都带着公司表现好，想要鼓励、肯定的员工，轮流到这八家餐厅吃饭，茶余饭后，老板顺道协助这位得力助手和餐厅的负责人打好关系，让他们成为内部朋友。接下来的三五年里，即使餐厅高管有更替，也不断巩固和餐厅店长、经理之间的关系，每当这家公司中午或晚上需要招待客户时，这个老板拿起电话，当场直接联系餐厅的"内部朋友"表示，需要个包间来招待重要的客人。通常这八家餐厅，都会在最短的时间内安排好位子，如果当天真的爆满，也能够安排优先候位。这个小技巧帮助这家公司的老板招待了无数的客人，每一次用餐，都能够让公司的客户感到宾至如归。附近的客户都知道这样的餐厅是不好拿到位的，因此每次看到这家公司都能迅速拿到位子，客户们都感到不可思议。

用心真诚结交"内部朋友"其实好处多多，读者们可以举一反三、好好发挥。

60. 脑力风暴

和同仁们一起坐下来开个会，讨论增进客户关系的好办法。列出具有创意的、聪明的、弹性的、替客户考虑周详的构想（和客户建立特殊的关系，并和对手在激烈的竞争市场中区分，找些别出心裁的方法……）花10~15分钟一起讨论、整理并找出最好的三个。最后，全体人员一同制订一个计划（包括4W1H：何事、何时、何地、何人、如何做），并尽快落实。

61. 深思熟虑

和顾客建立关系的方式需经过深思熟虑。要知道，顾客的时间是宝贵的，顾客想要温和的、有趣的互动，但他可不想花15分钟和你聊天气。所以，找一个好的开场白，让气氛变得很温馨，然后马上为他们服务。

62. 快、狠、准

从不同客户身上找到线索，量身定做地为他们服务。你会遇到一些顾客，只想做个买卖就离开或挂掉电话，他们对于你的苦心设计，想要维持关系的问题，仅给予简短、单调的回答。对于这些人，想要和他有个好的互动就意味着要快、要有效率、直接切入商业服务。所以速度和效率，就是你需要给这些客人的服务方式，当然别忘了带着你愉快的微笑。

四、顾客抱怨

63. 尽情发泄

只要客户不过分辱骂、凌辱，让他们把遇到的不满发泄出来，不要打断正在抱怨的顾客，让他们告诉你整件事的来龙去脉，描述他们有多生气。在讨论过程中，允许你的顾客尽情抒发积郁的情绪，并参与他们的对话，让他们说出更多心中的不满。

64. 认同顾客

最快、最有效化解客户不平的方法之一，就是同意他们所陈述的内容。你可以说"你有生气的权利"或"我能理解你为什么如此生气了，换作我，也会生气"这样的话，常常可以让顾客的气消下来。既然不高兴的事已经发生了，吵架可别让它发生！如果你接着说："让我们看看怎么做，才能弥补已发生的错误。"你会立刻将客户负面的抱怨转换成具有建设性的解决办法。

65. 展现诚意

问问客户他们想要的解决方案，这么做必须小心谨慎。不要说"不然，你要我怎么做才好？"这样的话。用些更机智的问话方式，如："我们想让你全然的满意，你考虑要如何解决才算公平？"如果你能达到客户的要求，马上处理；如果不能，至少要确定地告诉他，你能做到什么程度。

66. 尽力而为

不要玩责备的游戏。因为出了问题而责备客户，无论如何，你都站不住脚；而谴责你的同事也是错误的示范。事实上，大多数的顾客不能忍受的是：你一副事不关己

"无辜"的神情，客户只不过要他们的问题得到解决。所以，接受代表公司这个重大责任，并尽你最大的努力去解决客户的问题。

67. 恢复信誉

全神贯注协助那些有抱怨或遇到问题的客户，必须是百分之百的注意力。停下所有身边其他的工作，将焦点锁定遇到问题的顾客身上，要和客户面对面维持眼神上的接触，并注意你的身体语言。记得，你是要试着让顾客恢复对公司的信心。

68. 万万不可

不要找借口，也不要陈述公司的经营手册，说是公司规定，特别要强调的是，客户对你这些说法完全没有兴趣。你唯一能做的最有效的事就是专注于消除客户的不满。

69. 先"我"后"你"

用"我"代替"你"。能减少紧张气氛的一个方法是——将箭头指向自己，而不要指向顾客。看看你能否感觉到以下这些（有关你我）陈述上的差异：

你需要什么VS 我要如何做才能满足你的需求。

你并没有完成这项表格 VS 我需要你多一些的资讯以完成这表格。

你必须打这个电话 VS 让我给你一个电话号码。

70. 惊醒梦中人

突然叫出客户的名字，以停止非理性的谩骂、咆哮、怒吼及胡说八道。冷静地叫出"张三丰"，然后停顿片刻，有时候，对方正在气头上，可能需要再叫一次才会有效果，但大多数人听到自己的名字后，不雅的谩骂就会自然停下来。他们一般都会回答"是"，然后你才有机会将话题导入具有建设性的解决方案上来。

71. 情商与指示

让客户觉得一切尽在他的掌控中。这时候要用疑问句而不是陈述句，与其说"当我检查时，需要让你等一下"，不如说："请你稍后一会儿，让我检查一下，好吗？"只要你是协助客户做事情，大部分的客户都会回答："当然，没问题！"

72. LEAP原则

跳进风暴圈控制客户的抱怨：

倾听（Listen）——专注于客户开心的事；

强调（Empathize）——让自己站在客户的立场；

承认（Acknowledge）——承认错误，告诉顾客你了解；

缓冲（Pamper）——娇宠一下客户，多费些心力将客户的问题解决。

73. 牢记重点

身边随时准备一些便条纸——当你意识到顾客有问题或要抱怨了，就应该拿起你的笔，准备好笔记本，开始勤做笔记。因为你第一次没把重点记下来，接着要客户重复第二次的话，会使他们容易发怒或感到暴躁。

74. 说者无心

记得这是客户口中的"你"，不一定指你这个人。当客户沮丧、懊恼时，通常说你把我的订单搞砸了，大多数时间客户所说的"你"，是指你的公司，在极少的情况下才是指你这个人。怎么会这样轻易说你呢？客户又不认识你，他们的懊恼是和商业交易行为有关，所以不要把它（你）和个人（自己）混为一谈。下次客户抱怨说到"你"时，把它当成"你们"。

75. 柳暗花明

在提供给客户服务时，绝对不要以"不"或"我们没办法"作为结束——那代表完全没有服务。通常要给一个解决方案或以赞美作为结束比较好。常常你遇到的状况仿佛是"山穷水尽"的窘境，但是只要多用一点儿心思，就会出现"柳暗花明"的惊喜。

五、解决问题

抱怨者是伟大的，因为他们给你机会去解决问题，并让他们继续成为你的顾客——总比那些什么都不说，直接去和别人做生意的客人好多了。

处理问题时应该心存感激，要知道，只有你才能解决的问题，说明你的重要性，别人不能轻易取代你的工作。

76. 真正高手

做一个绝佳的问题解决者，能替客户解决问题，要感到骄傲。提醒自己，只会处理小事情的人，仅是业余；只有真正的高手，才能应付棘手的大问题。每一次你替顾客解决了问题，就记上一分，卡上记的分数越多，你解决问题的实力就增强一分。

77. 分明对待

培养"分明对待"的习惯——不要让你所接触的比较棘手的客户影响到你对待下一个客户的方式。这一条可以向职业高尔夫球选手学习，他们都有一个职业习惯，就是要求自己忘掉上一杆（无论处理得好不好），只专注于下一杆要怎样打。千万不要因遭遇到难题而影响和下一位顾客的互动，或接下来工作时间的服务品质。

78. EQ竞赛

把解决问题当成一项竞赛，如果你能把一位生气顾客的情绪转向开心，那这场竞赛你就大获全胜；相对的，如果失去冷静，你就输了。每次顾客说了些或做了些负面的事，你应以正面的技巧去克服它。这场比赛有趣的是，当你赢得最后的胜利，顾客也会是赢家；如果你输了，顾客也想败兴而归。

79. 两人原则

为了解决问题，千万不要让顾客向两位以上的员工抱怨。如果你就是第二位和抱怨客户对谈的同仁，你就得"拥有"他们，马上解决问题，或是留下他的电话并切记回电给他。

【案例】

美国一家著名的消费者调查公司TRAP曾进行过一次"在美国的消费者抱怨处理"的调查，并对调查结果进行了计量分析，以期发现顾客抱怨与再度购买率、品牌忠诚度等参量之间的关系。

从顾客抱怨处理的结果来看，当顾客的抱怨得到了快速妥当的处理后，顾客往往会因对处理结果感到满意而继续购买该公司的产品。

TRAP的研究结果表明，当顾客的抱怨得到妥当处理，品牌忠诚度的比例就会随之提高。研究结果显示，在可能损失的1~5美元的低额购买中，提出顾客抱怨但却对经营者的处理感到满意的人，其再度购买比例达到70%。而那些感到不满意却也没采取任何行动的人，其再度购买的比例只有36.8%。而当可能损失在100美元以上时，提出顾客抱怨但却对经营者的处理感到满意的人，再度购买率可达54.3%，但那些感到不满意却也没采取任何行动的人再度购买率却只有9.5%。这一研究结果一方面反映了对顾客抱怨的正确处理可以增加顾客的忠诚度，可以保护乃至增加经营者的利益；另一方面也折射出这样一个事实：要减少顾客的不满意，必须妥善地化解顾客的抱怨。

另有研究显示，一个顾客的抱怨，代表着另有25个没说出口的顾客的心声，对于许多顾客来讲，他们认为与其抱怨，不如取消或减少与经营者的交易量。这一数字更点出正确、妥善化解顾客抱怨的重要意义，只有尽量地化解顾客的抱怨，才能增加顾客的忠诚度，维持和提高顾客的满意度。

80. "抱怨"病历

在你解决客户的抱怨之后，放一张小纸条在他们的档案里，写着下次和这位顾客交易时，要特别小心在意哪些事。最不理想的情况就是，这位顾客连续两次，都遇到不愉快的经验，如果让一位顾客真的连续碰到两次不好的经验，你将永远失去这位顾客。

有趣的专栏报道：

平均来说，满意的顾客，会将好的服务告诉5个人；不满意的顾客，则会将差劲儿的服务告诉10个人。

据统计，每遇到一位因不满意而抱怨的客户，就代表另有其他26位不高兴却什么都没有说的客户，而在这26个人中，24位永远都不会再来光顾。

客户服务中最常见的抱怨，几乎每次都根源于"缺乏对顾客的尊重"。

即使贵公司得到95%的客户满意度，仍意味着每1000位顾客中，有50个因不满意而走掉。

六、感激的态度

常言道，民以食为天，客户就是我们的衣食父母，虽然薪水的发放取决于雇主，但是，拥有源源不断的客户，才是薪水及时发放的前提。保持一个虔诚的态度，心怀感恩，只有当每一位客户都被温柔以待，手里的工资条才能长青不败。

81. 唇亡齿寒

不要忽略你和公司"唇亡齿寒"这个事实，只有公司发展得好，你才能更好。公司与顾客也是一样的。你的公司需要顾客要比顾客需要你们公司多一些。

82. 选择态度

如你所知，服务态度真的和一时的心情有关。我们时常因为自己的感觉很差而去责备别人（包括顾客在内），事实上，我们只是针对当时的心情，选择了我们的回应。所以养成"选择态度"的习惯，让"选择态度"成为你一天开始生活作息的重要部分。放一张决定今天工作状态的纸，就像公布栏下方的天气指标（有晴天、阴天、雨天）一样，每天早晨，将指针标在你要选择的态度上，不要根据你今天早上的直觉放置指标，而要依照你今天所要选择的感觉行事，记得，如果你还是选择差劲儿的感觉，你得自负一切后果。

83. 追本溯源

请记得你任职的机构为什么存在——就是为了服务客户。如果你曾经让自己掉入"只有让这些吵吵闹闹的顾客赶快离开，才能让我安静地好好工作"的旋涡中，试想一下，要是你的愿望成真，是什么情况？如果顾客再也不来

"打扰"贵公司，将钱都花在其他对手所开的店，你的工作会发生什么样的变化？

84. 心存感激

绝不要忘记，顾客有权选择要去哪儿消费，当他们选择你及贵公司服务时，要对顾客心存感激，给予温暖、周到的服务，并给他们一个再度光临的理由。

85. 衣食父母

在脑海中呈现感激的景象——在你电话机、收银机、接待柜台、手提皮箱或任何你工作看得到的地方，放一张对你生命中很有意义的照片（家庭、宠物、爱车……），和每位顾客接触之前，先瞄一下这张照片并提醒自己，下一位你所协助的顾客，就是付你薪资或支撑你生活很重要的人。

86. 一视同仁

即使接到小订单也要像接到大订单般地感激，并给予周到的服务，在小订单感到满意的同一顾客，可能会再回来向你下一个大订单。

87. 非爱不可

若你不喜欢服务这个行为，那就尝试去喜爱它，总之，你必须行动起来，喜爱服务这项工作。

现在请翻回到这本书的"序言"，有三个"一"，第三个"一"叫作一定能做到的心态。服务这个事儿，只要用心跟真诚，一定能够把它做好。事实上，我们所有人都处于一个服务的环境中，既然避免不了，那就尝试着去喜欢它，有一句话可以作为借鉴，玩真的，一定成，还不成，必然是"不够真"。

88. 成功案例

想一想，你曾经被服务过的案例中，有没有让你感觉态度良好的某个人，如果有的话，简要记下他们做了什么特别的事，让你对他们的服务有正面的评价，最后，使出浑身解数去效法他的行为。

89. 知福惜福

回顾你得过的奖赏。每当你感受到神经紧绷、工作负荷超载或自己觉得有"我好可怜……我不能再和任何人交往了"的恐惧时，想想那些比你还惨的人。想象一下，有人在医院生着重病、有人刚丢掉了饭碗，然后提醒自己，那些人若能有机会在你现在的位置上，会有多么开心！之后，马上开始解决自己的问题，你会发现情况并没有那么糟，你就会心存感激地，去迎接下一位顾客了。

未来你将成为什么样的人，端视你现在的作为，把焦点放在你做事的态度上，敦促自己采取亲切有礼貌的服务方式及技巧。但如果你的态度是勉强挤出来的，那么你的表现，将不具任何正面意义。

90. 顾客没错

客户都是对的吗？或许认为顾客是对的比较妥当（起码你的角色常常也是顾客）。顾客究竟是不是对的并不重要，重要的是，客户终究是客户。你的工作就是在于协助他们，使顾客感受到优质的服务。所以问题根本不在于顾客到底对不对，而是你服务的方式对不对！

91. 经验分享

把分享最近每个人和客户较佳的接触经验作为召开客服人员会议的第一项流程。以这样的"庆祝"作为开场，不但会帮助客服人员从其他同仁身上学习到优质的服务态度和方法，也是建立、散播、延续服务热忱的一种方式。

92. 自我鼓励

不可否认，现在我们身处的大多数环境中，正面性反馈总是远远比纠正性反馈少得多。因此，在很多时候，我们常常需要自我鼓励，给予自己一些赞许，用欣赏的心态肯定自己以往成功的服务经验，并努力将其持续下去。当自我鼓励的次数越多，你就会越容易提供给顾客别出心裁的好服务。

【案例】

当结束了一天的工作，公司通常会要求同仁们作一个自我检查，看看在一天的工作中到底有哪些地方不够好、哪些地方需要改善。但是，我们往往着眼于找出自己的不足，急于修正，却忘记了其实我们也需要自我鼓励。许多同仁在自我鼓励的时候会将平常自己表现好的地方记下来，时常翻看，以此鼓励自己，甚至将他跟客户服务的对话录下来，找出可以提升的地方，加以修正，精益求精。自我鼓励能够让我们朝着更好的方向努力，当我们在工作上做得越来越周全，不足之处自然也就慢慢减少了。

七、发自内心

如何服务好顾客并不是出自工作手册，而是出自你的内心。当你很在意你的顾客时，你所做的永远不会嫌多，若你的服务发自内心，就没有所谓不良的服务品质。

93. 以客为尊

注意客户的需求而非自己的方便。每天一开始，就要想着："今天我要帮助越多的人越好"，而不是"今天我想有很好的销售成绩"或"我希望今天过得很轻松"，这样做你的顾客自然会感受到你所持的服务态度，并且再次回来。

【案例】

东莞三瑞自动化科技有限公司，位于东莞市天安数码城园区，主要研发销售电荷耦合元件、视觉检测、定位、识别系统，为智能制造业装上"智慧的眼睛"。2015年，园区从拜访中了解到三瑞非常重视科技创新，但对专利的质押、转让、出售以及进行政府政策申报和资金支持的作用了解甚少。为辅助园区企业能更好地发展，天安数码城对企业进行初步评估，基本已达到申报高新技术企业的要求。天安园区提供多次对三瑞的财务归集、税收、研发投入、人员构成、知识产权分布等几方面的基础辅导，使其在2015年被成功认定为国家高新技术企业。园区进一步协助三瑞申请了国家对高企的所得税减免，以及相应的省、市、区配套奖励。

"人才"也是企业需求的重中之重，在园区人才服务专员的对接下，三瑞在2017年也斩获了6名研发人员。

想企业所想，想企业未想，天安数码城正是从企业角度出发，助力企业主动参与全球竞争，带领企业用更长远的眼光看待发展。充分感受到园区软环境和硬环境的优越。天安数码城对园区企业的服务态度，获得了企业的赞许，让企业帮之吸引来更多的企业落户，如三瑞为园区引进了包括海川数控、嘉禾胜科技等多家科技企业，可谓是"园区企业家招商员"。

客户对你的了解不是在销售人员的推销中，而是在帮客户解决问题的服务中；客户对你产生信任不是在销售人员的业绩达成中，而是在帮客户打开其未知的窗户并给予支持的行动中；客户对你的偏好不是在觥筹交错的酒杯中，而是在你为客户努力的汗水中！这也是天安数码城成为科技产业园区翘楚之核心所在。

94. 发现需求

直到你知道客户需要的是什么，才能满足客户的需求。有时候客户自己也不知道他们要什么，所以可以借由询问开放式的问题，找出客户的需求，譬如："请问你遇到了什么样的问题？""能不能请你描述一下刚刚发生了什么事？""你需要这项产品做什么？"当了解顾客想要什么或任何特别的需求以后，你就去尽力满足他们。

95. 挑战成规

不一定要墨守成规，可能的话转个弯以满足客户。超越自己的权限，可能是一件很具挑战的事，但永远失去一个客户或许更糟、更难向上级交代。

96. 行销大忌

当客户还没准备好要买之前，"不要"强迫推销。要懂得客户的心理，因此，你一开始很客气很热情地接待他，随之你就慢慢地观察他，看他的目光锁定在哪个产品，然后试着介绍一下产品的优点及目前营销的优惠政策。

97. 终极目标

学着说："想换另一件商品吗？没问题！"即使在你花了相当长的时间处理客户原先订购的商品，也要心平气和地接受客户改变心意。之后，只要客户终究得到他们想要的，就绝不算浪费你的时间。记得：让客户满意，是你的终极目标！

98. 客服与销售

给予客户真正想要的客服；而不是你认为他应该拥有的销售。客户与销售是辩证的关系，是相辅相成的。给予优质客服，往往会大大拉动销售，同时还会培养稳定的客户群体。

99. 帮他省钱

告诉顾客大量订购的优惠、省钱的运送方式或是公司正在进行的促销方案，只要能替客户省下一块钱，都要完全地让客户知道。大家都会去找替他们看紧荷包的人买东西，对吗？

【案例】

2017财年（2016年2月—2017年1月）全年营收达4859

亿美元的沃尔玛，就是利用这个方法，替客户省下每一分钱，使得顾客不断地回去消费，创造了全球500大企业的美名。

100. 亲自邀请

亲手写卡片给主要客户，告诉他们公司特别的活动、折扣或促销，这种私底下联络客户的方式会让客户觉得很特别，并提高客户参与这些活动的可能性。

101. 精算时间

诚实地预估客户需"等待的时间"（他们需要等多久：运送、等候待位、看医生、维修人员到达时间、汽车保养等），一定要表述清晰，更重要的是尽量精准；否则不仅影响客户其他事情的安排，更重要的是让客户感到你缺少诚信，办事不靠谱。除非你确定事情将如你所说，否则，绝不要说："应该再过几分钟就好。"

102. ACE原则

成为客户的王牌:

（Attentive to each customer and their requests.）

殷勤地服务每一位顾客和他们的要求。

（Caring about their needs and problems.）

关心客户的需求和问题。

（Excited about your service and products.）

热衷于你的产品和服务。

18世纪晚期法国大革命之后，A取代K在52张扑克牌中成为最大的一张牌，顾名思义，ACE原则就是让我们要成为客户的王牌。

要想成为客户的王牌，必须在见到客户之前，就具备扎实的基本功底和职业素养，这样才能在见到客户的那一刻，用绝妙的优质服务牢牢吸引客户的眼球，从众多同行中拔得头筹。接下来，就需要关心客户的需求和问题，认真分析并快速找出能够解决客户痛点的产品，让客户对公司的产品产生认同感。最后，当热情、周到的服务和能够解决痛点的产品发生化合反应，客户自然就逐步成为公司的忠实粉丝。

103. 利人利己

将客户推荐给你的竞争者！

不，我们并不是疯子！有时候，当公司不能满足客户的特殊要求时，你所能做的最好的事，就是将你的顾客介绍给你的对手。当自己的能力不及，只有对手才能满足客户需求时，如果你想落实一套完美的客户服务，放心大胆地把客户介绍过去。这样做一方面可以让你服务不周的地方被忽略掉；另一方面你的客户也会因感激你顾及你的利益而再度回来消费，并增添了一些亲切感和信赖感。

104. 加值服务

帮客户追踪那些和产品或服务有关的信息，包括特殊需求、截至期限等事项。若客户知道你对产品及他们特别的需求了如指掌，会增强顾客对公司的信心，并且因为让他少了一件事去担心，这会让顾客消费起来倍感轻松。

105. 电话确认

打电话给客户提醒并确认他们的订位或约定，并给他们一些指引（事前解说、指导），客户会相当感激这份额外的服务，并且会大量减少订好位又不来的顾客。

106. 超乎预期

尽量让客户结账时的钱，比他预估的数目还要少——即使只有几块钱，也会让客户开心而来，满意而去，因此，这也提高他再度光临的机会，让每个人都成为赢家和奉献者。

107. 下班时间

不要只是因为轮班值勤的时间要到了，就缩短客户服务的时间。客户想待多久，就陪他待多久。客户是你的衣食父母，不能因为你想准时下班，避开交通高峰时间，或是公司不付加班费，而影响到你对顾客服务的品质。多一些耐心，多一些热情，多一些周到，你将得到远远超出你想象的回报。

108. 喜出望外

每个客户都喜爱得到比预期的多，最好不用付出就可以免费得到一些东西。

【案例】

加拿大一家叫作WestJet的航空公司在2013年策划的一起叫作"Real-time giving"的圣诞活动不仅让每一位客户都喜出望外，还收获了数以千万计的社会关注。

这家叫作WestJet的航空公司在圣诞节来临的前一晚，便在登机口放置了一台可以和圣诞老人通过屏幕交流的检票机。在圣诞节当天，每一位搭乘WestJet航班的客户在用机器检票的同时，也会通过屏幕向圣诞老人许下他们的心愿：一张回家的机票、一部电视或是一条简单的围巾……

当乘客们到达目的地，等候在行李传送带旁，随着圣诞歌的响起，人造雪花的落下，传送带的徐徐转动，每一位乘客都惊讶地发现，出现在传送带上的，不是他们的行李，而是他们每个人所希望得到的礼物，他们许下的愿望竟然都实现了！

WestJet公司也将策划这场活动的全部过程记录了下来，放在了Youtube上，迄今为止，收获了高达4500万的点击量。

109. 欢迎试用

客户购买之前，先让他们试用看看。

有两个行业在这方面做得非常好，第一个是化妆品业。如果你走进大的商场，一楼通常是琳琅满目的化妆品专柜，走进专柜的时候，销售或导购人员就会出来跟你介绍并提供各种各样的化妆品供你试用，试用的比例越高销售的成交率也相对越高。

第二个是服饰业。一般服饰业销售会分为三个阶段，橱窗外看陈列、进试衣间试穿、购买。通常店家在做前期准备的时候，怎么样能够让窗外走过的人看到橱窗展示的第一眼就想要进门，进一步了解是第一步，进门之后，当客户看到好的衣服时就需要鼓励顾客多试穿，根据统计，试穿和购买率是成正比的关系。

110. 尽情退货

客户不喜欢就让他们退货。将退货的处理程序一一与客户沟通，让顾客感觉到尽善尽美，在退货以后也要给顾客留下好印象，下回有需求的时候他们第一个也会想到我们公司。

【案例】

一家线上商城的售后部的墙上装裱着这样一句话"售后也是服务"，售后部经理认为，售后部不仅承担了为客户解决产品售后问题的职责，更重要的是售后部担当了扭转客户对公司负面态度的重要角色。因此，他严格要求同仁们用最高的效率，最好的态度，最优质的服务来处理客户的售后问题，这样一来，原本因产品问题而心有怨言的客户往往在这家售后部的服务之后不仅没有消减，许多客户甚至还和售后部的同仁联系紧密，并时不时愿意主动向售后部反馈产品使用的感觉，帮助公司的产品精益求精。

111. 客户代言

准备一张名单，名单上需要是那些愿意谈论公司产品或服务、对公司产品或服务相当满意的客户。再问问有潜力购买的客户，是否有兴趣在购买前和那些真正使用过的客人谈谈，以便让他们买得更安心。每次在做这件事之前，礼貌上应先与老客户沟通好（你会有一个×××打来的电话）。不要过度利用志愿替你宣传的老主顾，而且别忘了为这些帮你服务新客人的特别朋友，做些贴心的事。

112. 以客为友

如果你实在无法确定如何服务才好时，就假设客户是你一位很重要的好朋友，以这样的心情去服务客户，就能表现得很好。客户消费，一是对你产品的信任和喜欢，还有一个很重要的因素就是你让他心情愉悦、温暖、感动，他会购买欲更强、更积极主动，并开心购买你的产品。

八、追踪服务

每天因怠慢疏忽而流失的生意，比其他任何原因还要多。

客服人员在值班客流量少时，最好的一个休闲活动就是翻阅客户档案，将客户资料看熟摸透，假装自己就是那位客户并尝试揣摩他的想法，自然就能够给予客户更好的服务。同时，如果在空闲的时候花点儿时间打电话、QQ或微信给原有的客户，这样的做法会带给你意想不到的好处，客户来店叙叙是件开心的事，常常开心之余，捧场消费的也不在少数。

113. 金玉良言

将下面的话写在一张便笺纸（或一张纸）上，并放在最靠近你和顾客交易的地方：顾客服务并不是止于交易，而往往从销售开始，需要有到位的服务继续追踪下去。

114. 满意调查

即使你很有信心觉得问题已经解决了，都无法避免客户的抱怨或遇到问题。在1～2周内，和这个客户接触时，要确定这个客户是不是已经消除了心中的怨言。

115. 标准程序工

当客户购买后，将"联系每位客户"当作标准操作程序的第一要项，以确定客户对产品或接受的服务是否满意。

116. 联络方式

告诉顾客你会和他们继续联系（售后服务），访问他们喜欢怎样的联络方式（电话、短信、电子邮件、传真……），以及什么时间联络他们最方便。

117. 深挖一口井

如果定义增量客户叫作新客户的话，那存量客户就称为老客户。之所以要花时间在老客户身上，是基于深挖一口井的原则，很多老客户对公司的产品都比较了解，只要把老客户都摸透了，深挖老客户常常会得到意外的收获。

满意的老客户还有刺激销售的功能，下一次开小型沙龙会的时候，安排几位用户体验佳的老客户帮我们公司背书，说出自己的亲身体验，让老客户搭配公司销售人员，在客户被挑起购买欲望的当下，老客户现身说法提供决策支持资讯，新客户容易做出决定，马上行动。

118. 追踪时刻

设定一个固定时间去追踪客户的活动（打电话、写信、电子邮件、传真……）。如果你不把追踪客户当作一项有计划的活动，常会导致虎头蛇尾的结果，使原来的良善之意不了了之。你是不是曾有过类似的经验？

119. 标准程序 II

另一个要采用的"标准作业程序"是经常追踪货品的运送是否正确、准时、运送途中是否安全、货品到达时是否状况良好等。

120. 今日事今日毕

在每一天结束工作前，寄封邮件或传真，通知客户他的订单已经出货，如果可能的话，附上出货编码。

客户对他的订单有知情的权利，我们要让客户觉得一切进展都在他的掌控当中，每天让客户知晓订单的最新进度，不仅能够让客户减少焦虑，让公司少了许多麻烦，也让客户产生这个公司挺靠谱的感觉。

121. 客户朋友

可以考虑在打电话给关键客户时"少一些商业色彩"，就仿佛是打给老朋友一般。可以用"最近过得好吗？"或"刚好想到你，拨通电话和你联络一下"这样的话语，就像朋友般的谈话一样。这样可以增进彼此的关系并给你一个机会确定一下，客户是否持续满意公司提供的产品及服务。

122. 追踪建档

为你的客户建立独立的档案，并简略记录下每一次客户的追踪结果，隔一段时间检查一次，这样你才能够察觉联系的频率是否令人满意。

123. 寄上卡片

和客户成交后，以个人名义寄上一张写着"谢谢你的惠顾"的书签给客户。最强而有力的客户追踪，往往是不经意地透露出你的感激。

许多国际一线品牌，在客户买完产品以后会留下客户的资讯，并通过邮件或发微信的方式跟客户表示感谢。我曾经收到奢侈品牌寄来的一张小卡片，开头就说你的眼光很好，选择了这个品牌的产品，同时记载了购买时我的一些话，提示了产品正确使用及保养方法。这样一来，这个品牌无形中在我的心中留下了高大上的印象。一张小卡片，让客户瞬间回到当下愉快的氛围，会造成客户对你的品牌的认知达到另外一个高度。

九、客户回馈

透过他们的眼神是了解客户如何看待你和他之间生意往来的唯一方法。

124. 直达"天听"

设定一个可以直通董事长、资深管理层或其他领导的电子邮件信箱，这个留言信箱专门用于听听客户的疑难杂症。这项让客户发牢骚的机制要鼓励客户多多使用，你可以从中得到产品或服务改善的相当宝贵的意见。同时，当客户能接近公司领导，他们会更愿意和公司有生意上的往来。

125. 咨询委员

由几个主要客户成立一个客户咨询委员会，要求他们检视并批评所推出的新产品或服务计划，恳求他们为公司提出应该如何改善的宝贵意见。委员会成员一年改选一次，每三个月可以在公司附近最上档次的餐厅举行午饭会议。

126. 问卷信封

可以在你邮件信封的背面印上3～4个简单开放性的问题，以此作为客户满意调查。

127. 掌握变化

每季留意一下重复来的顾客，开发一个私人又简单的客户满意调查表，设计几个问题，这样做可以帮助你清楚地知道客户有什么改变，对产品的光顾有无增加或减少，以及客户服务本身有什么细微的变化。

128. 客户回应

每隔一段时间，当你要总结客服部所发生的状况时，问顾客："我们公司能为你做些什么事，好让你下次来的时候，得到更好的服务？"将顾客所说的记在标示卡上，在下次开会时拿出卡片给员工看，讨论客户回应，并拟出相应的策略，记录归档。

129. 有备无患

当你准备询问"一切都很满意吗？"或"你是不是很享受某产品和服务"等问题之前，确定客户在回答"不"的时候你该如何回应。

130. 三个问题

若想要一个快速又可以得到很多资讯的客户服务调查时，可以问以下三个问题：

（1）什么是我们公司做得好，应该继续保持的地方？

（2）什么是我们公司做得不好，应该立即停止或改进的地方？

（3）什么是我们公司应该开始做，而现在尚未着手的地方？

131. 报答客户

记住，"客户的回应"对公司来说是一个礼物、是有价值的资讯，能够协助公司精益求精。任何时候，客户花超过5分钟帮你这个忙（提出看法或良性的建议），都应以一个小礼物、小饰品、一张折价券或实质的小东西作为报答。

132. 重新体验

如果听从了客户的建议进而做了特殊的改进措施，那就给客户寄一封追踪信函，告知他们因为他们的建言公司所做的变革，并谢谢他们，邀请客户再次到公司体验一下这项因他们帮忙所创造的正面改变。

十、不断地学习

建立学习的热忱，如果你这么做，就永远不会停止成长和成熟。

133. 最佳示范

定时和客服人员开会，分享服务的经验、技巧及"最佳示范"。

以下是本人协助各不同公司中关于销售与客服团队开周会的时间配置：

30%　　检讨上周工作

30%　　安排下周任务

30%　　教育训练

10%　　　　正面性反馈

其中教育训练，就和我们的"最佳示范"有关。在开周会时，除了总结、检讨上周工作和安排下周任务，教育训练也同样重要。教育训练就是让相关人员分享一周内，发生的经典服务案例，或是特别有效的解决问题的方法，这为我们培养销售客服人员往好的方向发展提供了引导作用，同时再适当给予团队成员正面性反馈，这样既肯定了表现优秀的员工，也为公司通往成功的道路打下了夯实的基础。

【案例】

一家做奶茶的连锁企业，在每个月的月度会议上，公司都会请数百家连锁店中做得最好的店长在会议上现身说法，鼓励店长们相互学习。这样一来，公司在肯定做得最好的店长的同时，也把好的经验和方法分享给了其他小伙伴，有了这样一个"最佳示范"，无论是新晋店长还是老牌店长都能够快速帮助自己的店做好做强，连锁店越开越多，客户服务越来越好，在未来的日子里，也能够不断做大，公司效益蒸蒸日上。

134."知己知彼"

"知己知彼，百战不殆。"不仅是经典的兵法，同样适用于商战。

向竞争对手下订单。向你的对手电话订购商品，并让你部门成员仔细检视整个订购流程。当货物到达时，检查你订购的货品及装货箱，注意送货时间及退货方式。这样做，会让你的视野打开，看出公司所需要改进的环节，或自己比对手占优势的地方。

135.咨询亲友

从你家人及朋友身上学习。问问家庭成员及好朋友，在他们当顾客的经验中，他们对服务的期望是什么？他们在哪里曾接受到很棒的服务？在好的服务品质及差劲儿服务的比较中，有什么特殊的见解？他们对公司有什么建议？记下你所学到的好经验，并将好的行为表现在工作中。同时，也别忘了谢谢他们提供免费的建言。

136. 励志阅读

一年读两本有关客户服务的书籍（像这本书册），并用荧光笔标记你要学习的地方。然后，把画下重点的书，传给同仁们阅读。

137. 使用网络

上网加入特别利益团体或"聊天室"，并将主题锁定在客户服务的话题。听听网友们的高见和吐槽，便于你修正自己及团队，更好地提升服务意识和效能。

138. 体验客服

每季让全体同仁花一个小时到客服部门（Call Center），倾听客户服务当下所发生的状况。这会让你所有的员工更"接近"客户，让各个部门的同仁从客服人员身上学到一些更棒的服务技巧。切身的感受，会激发你对客户需求的认同感和同理心，从而强化自身的职责。

139. 学习记录

随身带着一张学习成绩表。使用一本小笔记本或腾出日程表特别的一页，记录值得你履行的客服想法，简要记下来你所听到的、书中读到的，或从其他人身上观察到的好行为。每周开始的第一天，查看你的成绩表当作提醒自己做好客户服务的一种方式，以便让你能够提供更好的客户服务。

140. 用己之长

借由询问你的同事、朋友或客户找到个人服务时的长处，然后，静静地反观自己，用心找出自己的优点和特长，整理出最能让你发挥这些有益于顾客的好方法。

141. 教学相长

志愿协助公司客服训练课程，你不仅能更深入了解教授主题的相关知识，也同时能够帮助其他同仁学习及成长。帮助他人的同时，自己也收获颇丰。

142. 主持简报

当你的团队成员参加和客户服务相关的研讨会后，要求他们对其他同仁做一个20分钟的心得分享，提纲挈领汇报所学到的重点。这样的话，每个人都可以从一个人的学习经验中获益，使这位受训人员的学习成果，发挥最大的边际效益。

143. 成为良师

志愿和新进的客服人员一起工作，分享你所累积的经验。记得，当和你一起工作的新进人员，提供给顾客特别好的服务时，包括你在内的每个人都是赢家。

十一、请君入瓮

顾客是你唯一的老板。从总裁以下到最基层的员工，客户可以炒掉公司内任何一位成员——只要把正打算消费的钱，花在其他地方就行。

144. 时间方便

提供方便客户的营业时间。调查客户时间上的方便性，以此决定公司目前的运营时间，为了满足客户的需求，有必要的话做些调整。

145. 语音系统

如果公司有电话自动语音系统，它听起来必须让使用者"感觉友善"。可以请朋友、同事或员工试打看看；也可以从使用过的顾客中得到一些回应，根据你所接收到的反映做些改善。无论怎么做，要使公司的电话语音系统，具备可以转接到和"真人"通话的功能。

146. 服务保证

考虑提供服务保证。如果顾客不满意所接受的服务，可能的话，让他们享有折扣资格或其他的回馈。更重要的是提高服务质量和效率，不断增强服务意识。

147. 多重选择

提供给客户不同的选择——偏好的付款方式、订购及服务选项、运送方式等，客户有多重选择机会时，通常会比较开心。

148. 免费专线

如果贵公司没有400免付费专线，申装一部；如果有了，鼓励顾客多多使用。虽然这会使公司的成本增加，但每通电话都代表潜在的生意。

149. 留言回复/第一要务

如果贵公司使用语音留言系统，接听下班后的电话（公司应该要这么做），那么第二天上班的第一件事，就是马上处理每一通留言并回电。同时，可以考虑设立一条紧急客户专线，供他们真的遇到麻烦时使用。

150. 餐叙讨论

邀请重点或特别的客户到公司附近吃一顿早餐或商务午餐，用餐时可以讨论使用产品以及服务心得。讨论内容要有建设性，或具挑战性的话题。如何让公司及客户在使用产品和服务方面轻易上手，进一步让客户因为使用我们公司的产品或服务，有更好的经营前景。如此这般，当顾客离开后，他们会有特别的感觉，并且更有意愿和公司有生意上的往来。

151. 小甜头

给予常客折扣、小礼物、优待商品或特别的服务作为回馈。顾客就是这么可爱，只要给他们一个再回来的理由，就会再回来消费。

152. 工商名录

制作一本列有优良往来厂商、优质客户的工商之友名录。鼓励员工和那些有相互生意往来的人或厂商做生意，并让你和客户知道，你在替他们打广告。可以确定的是，在生意往来中，投桃报李总有回馈。

153. 品质保证

确定客户花钱买到或享受到的是最高等级的商品或服务。优质的服务不只是如何对待客户，而是让他们所花的每一分钱，得到物超所值的商品或服务。

【案例】

一家大型的手机企业，在服务品质上就足以作为表率。千禧年后，这家企业销售年轻人时下流行的手机，率先提供30分钟修好，两年保修，也就是让所有的顾客买到两年不用担心的商品。然而其构建完善的服务维修机制背后，是累积了10年的经验，以及高达过亿元的年度资金投入。

光谈钱，各位读者无法看出端倪，这些投入，包括约300位员工的人力、120部维修快递车、每天2～3次维修快递车取送维修品。但这家企业也利用规模经济的优势，降低相关的运作成本，并将省下来的钱去建设服务体系。其以相同的市价，提供消费者更好的服务（Same price，Excellence service），也拉开与竞争对手的差距，这就是这家企业能在通信行业维持龙头地位的主要原因。更重要的是，它抓住"消费者眼睛是雪亮的"这一点，赢得了市场份额以及客户的拥护。

十二、咨询科技

现在年轻一代的顾客，手机和电脑都是必备的生活和工作工具。对他们来说，使用鼠标点选已不再是深不可测的功夫，就好像他们的上一代使用电视遥控器那样简单。

154. 善用资讯

与其让客户在电话等待时听音乐，不如播放已录制好关于公司产品、服务或对客户有益的资讯。

155. 系统自动化

完善好公司的订货系统能够让你：

（1）加快客户的订货程序；

（2）快速结算税金、装送费用与准备报价；

（3）监控公司存货，以便及时告知顾客是否缺货；

（4）降低人为操作的失误率。

156. 安装软件

可以考虑安装客户联系管理软件（CRM），市场上有很多价廉物美，又可以帮助公司建立客户资料库的类似商品。这些软体，可以让你自动追踪客户购物详情、登录客户资料，甚至也可以提醒你何时该和哪些特殊的客户联络。

157. 电脑资料库

建立一个电脑问题查询资料库，使得客服人员可根据客户所需立即查询，并很快地找出问题之所在。

158. 第二地址

向客户询问他的另一个"地址"——邮箱地址，把它纳入客户资料中。透过这个有效率、方便、成本低廉的媒介，可以延伸未来提供特别服务、折扣或有附加价值的资讯。（举手之劳：可以免费通过互联网，寄张电子邀请卡片给特别的顾客。）

159. 新闻周报

开发一个常态性的软件，可利用电子邮件寄送新闻周报给客户。这是很棒的一种方式，让客户可以跟上你的产业、公司、最新产品及服务，甚至让其他客户分享有用的资讯。

160. 提供网址

若客户很着急或不确定要什么的时候，可以介绍他们上公司的网站浏览一下，告诉顾客可以在他们方便的时间，在网站上找到更多公司所提供的产品及服务。

161. 线上服务

在网站上设计一个"告示栏"以便让顾客在上面互相沟通。这种资讯网络的沟通方式是以科技形式把客户们连接在一起，并为你所服务的客户提供另一种附加的资源。

162. 超级链接

可考虑在公司网站上设置"超链接系统"，让客户可以从公司主页直接链接到其他提供相关服务或产品的厂商以弥补自己公司的不足。还可以和这些厂商建立一套互惠协议，以便在他们公司的网站上也提供相同的服务。

163. 公布答案

公布顾客常询问的问题FAQs（Frequently Asked Questions），并同时附上解答。在电子报及公司网站上加上一些客户经常询问的问题，或让公司的客服人员在他们和客户互动时找出常遭遇到的麻烦或问题，同时附上正确的应对方式及公司的解答。借着公布FAQ，客户将更了解贵公司，同时，也可帮助他们解决困扰了一天的心中一些恼人的问题。

164. 网络交易

让客户可以直接从公司网站上买到产品或得到公司所提供的服务。贵公司会因此吸引到喜爱以电脑交易的客户群，你要提供的服务不只是在上班时间提供，而是要一天24小时提供。

165. 网上交流

收集客户利用网络传回来的意见。利用网站收集客户使用过公司产品或服务后的回应，客户会因此多了一项和公司沟通的渠道，同时你可以得到用以改进产品或改善服务品质等相当珍贵的资讯。

166. 张贴照片

在网站上公布电话服务中心人员的照片及相关资料，这样客户可以从网上认出是谁在电话另一端为他服务，这个方法可以让原本冷冰冰的电子媒介，多了一些人性化的接触。

167. 意见信箱

建立一个内部咨询意见信箱。要求员工利用科技产品提出一些想法及新奇的点子，以提供更好的客户服务。肯定同仁们所有的提议，并奖励提出可行性方案的员工。

【案例】

黑石的创始人彼得·彼得森曾在《黑石的起点，我的顶点——黑石创始人彼得·彼得森自传》[1]一书中写到"我不满足于仅仅知道我所知道的，或者我以为我所知道的。我想要去记录它们、谈论它们，甚至向他人传播它们"。彼得森提到，当脑海中闪现出一个好点子时，思考和记录下来是远远不够的，还需要积极地和他人交流、讨论、实践。

因此，我们建立的一个内部咨询意见信箱，便给员工提供了一个讨论想法并付诸行动的平台。这样一来，员工

---

① 彼得·彼得森.《黑石的起点，我的顶点——黑石创始人彼得·彼得森自传》［M］.万卷出版社,2011.

的意见得以被肯定，公司的服务得以完善，客户的体验得以提升，一举多得，何乐而不为呢！

168. 返璞归真

别让科技取代人与人之间的良性互动。网站、电子邮件以及类似通信产品（微信、QQ）是很有效率的工具，但面对面接触的效益仍是维系客户关系的最佳策略。

十三、人是最重要的

鼓励、训练、关心公司同仁们，并从他们之中找出佼佼者。我们都知道，如果正确对待员工，他们就会更好地对待客户，而如果客户被照顾好，他们就会再回来，从而给公司带来更大的社会效益和经济效益。

169. 知人善任

提供良好客户服务的第一步就是找到合适的员工，让你的征选过程也成为客户服务策略的一部分。在面试中，询问他们一些问题，例如："若你到任上班，描述一下你有什么构想能提供更好的客户服务？"同时，模拟几个在客户服务时常遇到的状况，要面试的人说说他们会如何处理。

170. 人人有责

不论是什么部门或层级，都要让客户服务成为所有口头或书面工作守则的一部分。在雇用新人时的面试、新进人员介绍或是职前训练时都要强调，每位同仁都是身在客户服务的行业中的，并确定每一位员工都了解到他们如何直接或间接地和顾客"接触"。

171. 目标清晰

弄清楚你对客户服务的预期目标，简明扼要地归纳成3～5个原则，并给他们一个称呼（如"四大原则"或"超级计划"），把这个既定目标和每位同事沟通，然后和每个人开追踪检讨会议，以确定同仁们精准地知道公司对他们的期望。

172. 提供训练

提供训练及资源（像这本书）以协助你的员工培

养客户服务技巧，使这些训练加强你对客户服务的特别期待。

173. 定时考评

大多数的人会等到有检查时才去做你预期要他们做的事（这是人的惰性），所以定期考评是不可或缺的（包括所有客户服务表现评估），最好在进行评量之前，要求员工预先提出如何提供更好的顾客服务的构想。

174. 员工即顾客

满意的员工容易创造出满意的客户。要记得员工也是你的客户，所以你要求员工如何对待客户，就该采取同样的态度给予他们相同的尊重及注意力。

175. 亲身体验

偶尔也要扮演一下员工的角色。一个月至少花两小时，和客户服务部门员工一起工作来维系你和员工之间的亲近关系；从而懂得换位思考，制定出科学、有效的工作方案和考核指标。

176. 无效政策

要求员工找出哪些政策及程序是提供优良客户服务的绊脚石，然后竭力地更新、修正或取消这些无效的政策，制定有利于为客户提供优质服务的政策和办法。

177. 权限清楚

让直接和客户接触的员工知道，当客户抱怨或遇到麻烦时，他们有多少处理权限（例如折扣能力、赔偿损失金额上限），鼓励他们在合理的权限内，不必事先得到你的允许就可以做出任何让客户开心的事。

178. 奖励点券

给予每一位员工价值××元的点券（假设人民币50元），他们可以转赠给他认为的公司中任何一个贡献自己心力并额外付出服务的员工。每个月或一季结束时，员工可以将这些奖励点券换成现金或实用的商品。让员工彼此奖励，这项工作能够提升自我管理，非常重要。

179. 肯定与奖励

肯定并奖励那些在客户服务方面表现特别棒的员工，表扬他们的所作所为，让其他员工分享。这样可以让整个团队都动起来，并鼓励员工为了客户及公司能不断地自我超越。

十四、成事在人

一封给同仁们的信……

亲爱的所有工作人员：

现在，我已经选择要成为你们的顾客，不论你们在哪一个工作圈，你们扮演什么样的角色，你们都是我身为顾客接受服务的一部分，你们决定我是否会再回来消费。

当我到达你们餐厅、办公室、店面，或当我拜访你们的工作圈——我期待，能被等我的那个人好好招待，不只是根据和我交易的"客户服务人员"来判断你们的业务，而是依据我看到的每一件事。我会观察，也会提出问题：设备是否干净并维持良好的运转状态？这是不是高品质的产品及服务？送货是否准时、货品有无损坏？付款程序处理得是不是既有效率又正确无误？陈列架上是否货源充足并排列整齐？工作计划是不是井然有序？文件传送内容及程序，是否一目了然、浅显易懂？员工是不是有良好的训练及妥善的安排？

　　我的问题一条一条地列出来，最后就会问到你个人所负责的地方。你看看，你不就是身处于客户服务的环境里吗？不论直接或是间接，你的服务真的和我脱不了关系。

结 语

现在，你是否满脑子的新创意、好点子等着明天开始起而行？随机肯定你的同仁、满足你的客户，照着去做准没错！

只要你真是做到了，那么，被肯定的人喜悦之余会立刻回馈给你一个"肯定"来感谢你肯定他。被你服务过的客户，也一定会把他的感动加注在你的业绩之上。这种双向互动的好效果就是自利利他的最佳诠释。

读者有了具体的收获，你我之间不也正是另一个互惠的案例吗？像这样自利利他的好事千万别错过，你的每一次成就，都有我最真诚的祝福。

附录

八大管理技巧

一、概念描述

八大管理技巧，按照顺序分别是：

1. 任务指派；

2. 给予指示；

3. 跟催；

4. 给予协助；

5. 正面性反馈；

6. 纠正性反馈；

7. 解决问题；

8. 汇报。

八大管理技巧需要根据具体问题的情境和条件，按照顺序，按照标准（企业文化和规章制度），做出相应步骤的处理：

（1）"任务指派"是管理的第一步，选择正确的人干合适的事很重要；

（2）"给予指示"是管理中重要的一环，给予的信息一定要准确明晰；信息要全面，但又不能影响员工创造性的发挥；

（3）"跟催"是追踪工作，使任务能够高效推进的重要环节；

（4）"给予协助"在跟催过程中，根据员工的需求给予合理的援助；

（5）"正面性反馈"这在管理工作中是最容易被忽略的一环，要适时地给予员工相应的奖励或鼓励，保障其积极的工作心态；

（6）"纠正性反馈"是对任务的进一步追踪，也是顺利解决面临问题的前提；

（7）"解决问题"在必要的时候，组织会议，集体对困难做出剖析，集智解决困难；

（8）"汇报"，汇报工作也需要标准，并且根据金字塔原理先总概，再分述，后总结。

二、个人心得

张老师的课程诙谐幽默、寓教于乐，各个细节都充分体现出"学以致用"这一教育精髓。当然整个讲座流程也是严格按照"八大管理技巧"的步骤来设置。

张老师把学员分成 6 个小组，讲座一开始，张老师就给每个小组，做了一个"任务指派"：让大家都折一张纸；并且给予了折纸的要求（给予指示）；然后在折纸的过程中不断询问折纸的进度（跟催）；对于进度太慢的小组，张老师会示意助教给予帮助（给予协助）；对于折得好而且快的学员，张老师给予了一定的表扬（正面性反馈）；对于折得差的学员，也给予进一步的提示（纠正性反馈）；对进度实在太慢的学员或小组，助教提供了新的纸张，并邀请提前完成的小组给予演示（解决问题）；最后，邀请率先完成任务的小组组长，重新阐述折纸过程（汇报）。

在接下来八大管理技巧的学习中，也是用相同的步骤，一步步地将八个技巧引出，并且全程穿插实践演练，课讲完了，学习要点也都掌握了。

张老师巧妙地用折纸这个小实践，将"八大管理技巧"课程引入其中，"以小见大"，"见微知著"，使讲座全程充满趣味，并且引人入胜，我第一次真正感受到什么叫"学以致用"！不得不佩服张老师的过人之处！实在是大开眼界！受益终身！

最后，再次感谢张老师能够给我这个听讲的机会，感激！

天泰　王鹏

2016年8月8日